Die
Freiheitstrafen und die Besserungstheorie.
Unsere Berufsverbrecher.
Die Geldstrafe.

Drei Aufsätze

zur

Reformbewegung im Strafrecht

von

Schmölder,
Amtsgerichtsrath.

Berlin.
Druck und Verlag von Georg Reimer.
1889.

I.

Die Freiheitsstrafen und die Besserungstheorie.

Abdruck aus dem 58. Band der Preußischen Jahrbücher.

Zwei Anforderungen sind es, welche man an die Strafmittel der Gegenwart, an die Freiheitsstrafen, stellen muß.

Einmal dürfen diese Strafen den Sträfling nicht einem demoralisirenden Einfluß seiner verdorbeneren Mitgefangenen aussetzen, und ferner dürfen ihre Folgen nicht über die Strafabsicht hinausgehen, sie dürfen den Sträfling nicht einem dauernden Siechthum oder gar dem Tode entgegenführen.

Diesen beiden Anforderungen ist man aber bisher noch keineswegs gerecht geworden. Und daß hier einem alten Uebelstande nicht abgeholfen werden konnte, ist lediglich der unheilvollen Herrschaft der Besserungstheorie zuzuschreiben.

Gegen die erste Zeit nach Einführung der Freiheitsstrafen in das System der Strafmittel, d. h. gegen die Wendezeit des vorigen und dieses Jahrhunderts, haben sich allerdings die Zustände wesentlich verbessert. Es wird dies unumwunden anerkannt. Und, um denjenigen völlig gerecht zu werden, welche so gerne gegenüber den dunkeln Zuständen früherer Zeiten die jetzigen Zustände mit Stolz und Befriedigung betrachten, sollen hier zunächst einige Schilderungen der früheren Zeit Platz finden. Es erzählt in dem im Jahre 1801 erschienenen v. Arnim'schen Werke über Verbrechen und Strafen ein Bauassessor Dühring von dem Polizeigefängniß zu Elbing:

„Diese Gefängnisse sind in einem alten festen Thurm der ehemaligen Fortifikation. Gleich am äußern Eingang kommt man auf einigen Stufen in den sogenannten Stock. Dieses ist ein überwölbtes Gemach von 12 Fuß im Quadrat $7\frac{1}{2}$ Fuß hoch, in welches durch die $10\frac{1}{2}$ Fuß starke Mauer vermöge eines kleinen Loches nur ein Schimmerlicht fällt. In der Mitte desselben befindet sich eine mit Eisen stark beschlagene Fallthüre, die eine Oeffnung bedeckt, durch welche man in den sogenannten Grund hinabsteigen kann. Diese überwölbte Gruft hält 10 Fuß im Quadrat, ist 8 Fuß hoch und dem Zutritt der äußern Luft gänzlich verschlossen. Vermittels einer massiven Wendeltreppe, die größtentheils mit Schutt beschüttet, gelangt man in das Hauptgefängniß, den sogenannten Strumpf. Dieser Raum nimmt die ganze Höhlung des Thurmes bis unter das Dach ein, ist 19 Fuß im Quadrat groß, 52 Fuß hoch. Nothdürftiges Licht und Luft erhielt er durch das zum Theil offene Dach und durch einige alte Schießlöcher, die sich in ansehnlicher Höhe befinden. Einige Nieschen in dem starken Gemäuer dienen als Lagerstellen und in einer derselben ist der Abort angebracht. Weder ein Ofen noch ein Kamin ist vorhanden, sondern bei sehr strenger Kälte machen sich die Gefangenen in der Mitte auf dem Fußboden ein Feuer, um nicht zu erfrieren. Die Arrestanten sind sich hier ganz sich selbst überlassen, indem der Gefängnißwärter einige Häuser von diesem Thurm entfernt wohnt. Bei Besichtigung des Gefängnisses fand ich im oberen Raum 3 Männer, einen Burschen von etwa 14 bis 16 Jahren und ein Dienstmädchen von 20 Jahren."

Einen Besuch des Zuchthauses zu Magdeburg schildert der Prediger Wagnitz in seinem im Jahre 1791 veröffentlichten Buche über die merkwürdigsten Zuchthäuser in Deutschland folgendermaßen:

„Ein einziges Zimmer faßte die Gefangenen, alte und junge, männlichen und weiblichen Geschlechts, 48 an der Zahl, in sich. Hier spannen sie Wolle, hier aßen sie, hier schliefen sie auch zum Theil, wenigstens die weiblichen Geschlechts, auf halbvermodertem Stroh, hier verrichteten sie ihre Nothdurft. Ein unerträglicher Gestank hatte sich durch das ganze Gemach verbreitet. Der Fußboden war mit Schmutz überzogen, die Wände schwarz. Noch trauriger war der Behälter, in dem die Mannspersonen auf einem feuchten Erdboden die Nächte durchschliefen oder vielmehr durchwachten, denn das Ungeziefer, das unzählbar war, gestattete ihnen nicht zu schlafen."

Außerdem faßt Wagnitz noch einen Theil seiner Wahrnehmungen in folgenden Satz zusammen:

„Aus übergroßer Sparsamkeit sucht man mit dem Zuchthaus mehrere Zwecke zu verbinden, und verbraucht es zugleich als ein Waisenhaus, bald als ein freiwilliges Arbeits- und Armenhaus, bald als ein Toll- und Irrenhaus, welches fast bey Allen der Fall ist, bald als ein Leihhaus."

Gegen diese Zustände ist, wir wiederholen es, ein gewaltiger Fortschritt nicht zu verkennen. Aber dies darf uns nicht abhalten, auch die jetzigen Zustände einer scharfen Kritik zu unterziehen. Wir dürfen nicht damit zufrieden sein, daß wir etwas Besseres geschaffen haben als frühere Zeiten, zumal wir uns sagen müssen, daß jene inzwischen beseitigten Greuel lediglich durch einen längst berichtigten criminalpolitischen Irrthum veranlaßt sind.

Die Freiheitsstrafen erheischen nämlich im Gegensatz zu allen älteren Strafmitteln, zur Todesstrafe und Verstümmelung, zur körperlichen Züchtigung und zum Pranger, zur Acht und Geldstrafe einen complicirten Vollstreckungsapparat. Dies hat man bei der Einführung der Freiheitsstrafen übersehen. Man hat damals, wie es die obigen Schilderungen ja darthun, weder für Bauten, noch für Gefängnißbeamte und Gefängnißreglements gesorgt.

Dieser Irrthum ist aber, wie bemerkt, längst berichtigt. Ein nicht unerheblicher Theil des Nationalvermögens ist in Gefängnißbauten angelegt. In diesen arbeitet ein ganzes Heer von Gefängnißbeamten mit der aufopferndsten Pflichttreue und nach Anleitung des mit der größten Sorgfalt ausgearbeiteten Reglements. Dabei hat sich die öffentliche Meinung längst daran gewöhnt, den Staatshaushalt jährlich mit bedentenden Summen „zum Zweck einer humanen Verpflegung" der Gefangenen belastet zu sehen.

Bei einer derartig veränderten Sachlage darf sich die Kritik der jetzigen Zustände nicht mit einer einfachen Vergleichung mit den früheren Zuständen begnügen.

* * *

Geht man aber zu einer ernsteren Kritik der gegenwärtigen Zustände über, so ist es zunächst für einen Jeden einleuchtend, daß eine gegenseitige Verschlechterung der Gefangenen in erster Linie zu befürchten ist in den zur Verbüßung kurzzeitiger Strafen bestimmten Anstalten. Hier geht es, wie in einem Gasthaus, ein und aus, so daß ein Jeder den mannigfaltigsten Berührungen ausgesetzt ist. Und gerade hier findet sich die bunteste Gesellschaft zusammen. Noch völlig unverdorbene Knaben bringt in diese Anstalten ein leichtsinniger Jugendstreich, da unsere Gesetzgebung dem Richter nicht mehr, wie dem Vater, Lehrer und Dienstherrn, das Recht der körperlichen Züchtigung einräumt. Bürger mit einer völlig tadellosen Vergangenheit müssen hier für eine Uebertretung büßen, weil ihnen die Mittel zur Zahlung der principaliter gegen sie erkannten Geldstrafe fehlen. Und neben diesen Elementen ist gerade hier Stammgast der schlimmste Auswurf aus dem arbeitsscheuen Gesindel beiderlei Geschlechts, d. h. eine Gesellschaft, welche in körperlicher wie moralischer Beziehung völlig verkommen ist, der es zur Begehung schwerer Strafthaten nur an der nöthigen Energie fehlt, welche aber eine wahrhaft teuflische Freude daran hat, das Gift ihrer Gesinnung in noch unverdorbene Gemüther zu träufeln.

Auf eine Reformirung dieser Anstalten hätte man mithin die ersten vom Staate gewährten Hülfsmittel hinleiten müssen. Es würde auch gerade hier das von den Gefängnißbeamten inzwischen ausgebildete System der Einzelhaft den durchschlagendsten Erfolg gehabt haben. Während bei längeren Freiheitsstrafen erfahrungsgemäß der raffinirteste Scharfsinn der Behörden in dem Bestreben, die Gefangenen getrennt zu halten, doch stets überboten wird durch einen noch raffinirteren Scharfsinn der Gefangenen in dem Bestreben, einen Verkehr unter einander aufrecht zu erhalten, muß hier die Einzelzelle eine absolute Trennung bewirken. Außerdem fallen hier die fast allgemein anerkannten nachtheiligen Folgen der Einzelzelle für den Gemüths- und Gesundheitszustand der Gefangenen fort. Und selbst die Kosten des Zellenbaus sind hier verhältnißmäßig gering. Der Zuchthausdirektor Krohne hat ausgerechnet, daß bei dem Bau des großen Zuchthauses zu Welheiden nur $1/3$ der Kosten auf den Bau der Zellen, $2/3$ auf Ringmauer, Thorgebäude, Centralhalle, Schule rc., d. h. auf Nebenbauten kommen, die bei Anstalten zur Verbüßung kurzzeitiger Strafen fortfallen. Wenn trotzdem eine Reformirung der Anstalten zur

Verbüßung kurzzeitiger Freiheitsstrafen in der angedeuteten Weise des Kostenpunkts halber unausführbar erscheinen sollte, machen wir darauf aufmerksam, daß nach Einführung des Zellensystems für kurzzeitige Strafen man wohl sehr bald dazu übergehen würde, diese Strafen nach der Art des militärischen mittleren und strengen Arrestes intensiver zu gestalten und in Folge dessen zeitlich abzukürzen. Würde gleichzeitig noch eine Reorganisation der Geldstrafe und eine Wiedereinführung der körperlichen Züchtigung bewirkt werden, so würde sich der Bestand dieser Anstalten derart vermindern, daß die Kostenfrage keine Bedenken mehr veranlassen könnte.

Aber die Anstalten zur Verbüßung kurzzeitiger Freiheitsstrafen sind bei Verwendung der vom Staate gewährten Mittel im Großen und Ganzen nicht berücksichtigt worden. Selbst die beschränktere Trennung der einzelnen Gefangenen, des Nachts durch Schlafverschläge, des Tags durch Arbeit und Beaufsichtigung, ist hier fast durchweg nicht eingeführt. Arbeiten von geringem produktivem Werthe, wie Tauzupfen, Federreißen ließen sich auch hier stets beschaffen und doch haben z. B. im Municipalgefängniß zu Cöln im Etatsjahr 1885/86 5049 Gefangene, und zwar hauptsächlich Bettler, Landstreicher und dergl., 29677 Tage ohne jede Beschäftigung, abgesehen von der geringen Hausarbeit, verbüßt.

Dabei herrscht in diesen Anstalten vielfach eine wahrhaft erschreckende Ueberfüllung. In der Sitzung des Abgeordnetenhauses vom 4. December 1882 wurde mitgetheilt, daß die Belegschaft des gerichtlichen Gefängnisses zu Elbing, welches eine Belegfähigkeit von 94 Köpfen hatte, bis auf 220 Köpfe angewachsen sei. Von dem gerichtlichen Gefängniß zu Lyck wurde gleichzeitig die Belegfähigkeit auf 32, die Belegschaft auf 154 angegeben.

Kein Wunder, wenn unter solchen Umständen noch jetzt allgemein anerkannte Autoritäten die Gefängnisse zur Verbüßung kurzzeitiger Strafen kurzweg als Verführungspepinièren, Pflanzschulen für Zuchthäuser, Elementarschulen des Lasters bezeichnen!

Eine Rücksichtnahme auf den Kostenpunkt kann, wie wir bereits ausgeführt haben, diese Zustände nicht rechtfertigen. Sie hat aber auch in der That in keiner Weise veranlassend eingewirkt. Denn gleichzeitig während man die Anstalten zur Verbüßung kurzzeitiger Freiheitsstrafen unbeachtet gelassen, hat man bei den zur Verbüßung langzeitiger Strafen bestimmten Anstalten, speciell bei den Zuchthäusern, mit dem hier viel kostspieligeren und dabei in seinen Wirkungen höchst bedenklichen Zellenbau begonnen und hierbei geradezu mit dem Geld gewüthet.

Der bereits citirte Director von Moabit, Krohne, äußerte sich im Jahre 1883 auf der Versammlung der deutschen Strafanstaltsbeamten zu Wien:

„Man hätte erwarten sollen, daß bei der Durchführung der Einzelhaft man sich bemüht haben würde, die baulichen Anlagen immer einfacher zu gestalten, aber das gerade Gegentheil war der Fall. In dem Bestreben, das System immer consequenter auszubilden, wurden die baulichen Anlagen immer complicirter. Andererseits um die Einzelhaft gegen die von allen Seiten erhobenen Vorwürfe der Härte, Inhumanität, Gefährlichkeit für leibliche und geistige Gesundheit zu schützen, wurden die Zellengefängnisse mit einem luxuriösen Comfort und sanitären Raffinement eingerichtet, die auch nicht gerade zur Vereinfachung beitrugen. Daß dieser Weg eingeschlagen und bis heute fortgesetzt wurde, daran sind wir Strafanstaltsbeamte in erster Linie schuld; wir konnten unsere Anstalten nicht elegant und schön genug bekommen. Schuld sind die Architekten, die nicht vornehm genug bauen konnten und in ihren Bauten die neuesten raffinirtesten Einrichtungen für Heizung, Ventilation, Wasserversorgung rc. anbringen mußten. Schuld sind die Aerzte; denn sie steigerten die sanitären Ansprüche bis in's ungemessene. So haben jene Anstalten, welche dazu dienen, an Leuten, die einen Rechtsbruch begangen haben, die Strafe zu vollziehen, das Ansehen von Palästen oder vornehmen Hôtels bekommen."

Krohne übertreibt keineswegs. Der Bau des im Oktober 1884 fertiggestellten Zuchthauses zu Welheiden mit einer Belegfähigkeit von 500 Köpfen und einer bisherigen durchschnittlichen Belegschaft von 388 beziehungsweise 443 Köpfen hat die Summe von 2 876 955 Mark gekostet.

Was ist nun die Veranlassung, daß man, wie Professor Binding es ausdrückt, die Gefängnißreform am falschen Ende aufgezäumt hat, daß man den jugendlichen Verbrecher erst in den kleinen Anstalten eine Hochschule des Lasters durchlaufen läßt, um ihm dann, wenn er endlich völlig verdorben ist und sich im dritten bis dreißigsten Rückfall befindet, einen solchen Kostenaufwand und solche Arbeit zu widmen.

Es erübrigt keine andere Beantwortung dieser Frage, als die oben aufgestellte Behauptung: es macht sich hier ein unheilvoller Einfluß der unser Strafrecht beherrschenden Besserungstheorie geltend.

Gewiß auch die Anhänger der Besserungstheorie wollen den beiden oben aufgestellten Anforderungen genügen, sie wollen sowohl eine gegenseitige Verschlechterung, wie den Tod und ein dauerndes Siechthum der Gefangenen verhindern. Aber sie wollen noch ein Weiteres. Sie wollen den Sträfling während der Strafverbüßung in religiöser und moralischer Beziehung heben und dabei die Lücken seines bisherigen Schul- und gewerblichen Unterrichts ergänzen.

Aber, wie so oft im Leben, ist auch hier das Bessere der Feind des Guten gewesen.

Für eine Hebung des Gefangenen in religiöser und moralischer Beziehung, sowie für eine Ergänzung der Lücken seines Schul- und gewerblichen Unterrichts erschien als erste Vorbedingung eine längere Dauer der Strafhaft. Deßhalb die Vernachlässigung der Anstalten zur Verbüßung kurzzeitiger Strafen, sodaß dieselben noch jetzt als Hochschulen des Lasters bezeichnet werden können. Deßhalb bei den Anstalten zur Verbüßung langzeitiger Strafen die Anwendung des — den Gefangenen gewissermaßen auf einen geistigen Secirtisch liefernden — Zellensystems unter Vornahme der kostspieligsten Bauten und Verwendung maßloser Arbeitskraft. Und doch, gerade hier erheben sich gegen das Zellensystem die erheblichsten Bedenken, lassen sich aber die Schwierigkeiten eines durchgeführten Klassifikationssystems, nämlich die zahlreicheren Transporte, leicht ertragen.

Und was hat man denn in diesen den Besserungszwecken dienenden Anstalten zur Verbüßung langzeitiger Strafen bisher erreicht? In der Broschüre „Die Strafen des Deutschen Strafgesetzbuchs und deren Vollzug, Berlin, Franz Vahlen, 1885, habe ich unter Bezugnahme auf die anerkanntesten Autoritäten behauptet: „Nichts anderes als eine Erziehung zur Heuchelei und Selbstüberhebung." Und ein Widerspruch gegen diese Behauptung hat sich noch nicht an die Oeffentlichkeit gewagt.

Mit einem Kampf gegen die Besserungstheorie hat dieserhalb eine jede Reformbestrebung zu beginnen.

* * *

Die Freiheitsstrafen haben allen übrigen Strafmitteln gegenüber den Vorzug, daß sie nicht nur in extensiver, sondern auch in intensiver Beziehung die mannichfaltigste Gestaltungsfähigkeit besitzen. Das gegenwärtig geltende Strafrecht nützt aber diese mannichfaltige Gestaltungsfähigkeit in intensiver Beziehung in einem ganz unbedeutenden Maße aus.

Die kurzen, mittleren und strengen Arreststrafen haben sich nur bei der Militairjustiz erhalten, und bei den langzeitigeren Strafen sind alle Strafschärfungen, welche frühere Gesetzgebungen eingeführt hatten, völlig beseitigt. So erübrigt an intensiver Mannichfaltigkeit eigentlich nur noch der Unterschied zwischen Zuchthaus- und der sonstigen Freiheitsstrafe. Aber auch hier hat das Deutsche Strafgesetzbuch die Nivellirungsarbeit begonnen, indem es in § 32 der Zuchthausstrafe den entehrenden Charakter entzogen. Und im Geiste dieses § 32 hat seither der Strafvollzug weiter gearbeitet, daß, wie in der mehr erwähnten Broschüre des Näheren nachgewiesen ist, zur Zeit die braune und graue Farbe der Jacken vielfach den einzigen Unterschied zwischen Zuchthaus- und Gefängnißstrafe bildet.

Bei einer so geringen Mannichfaltigkeit der Freiheitsstrafe in intensiver Beziehung kann selbstverständlich die Anpassung der Strafe an die größere Schwere der einzelnen Strafthat nur durch Verschärfungen in extensiver Beziehung, d. h. durch Verlängerung der Dauer der Strafe, erfolgen. Es hat nun aber die medizinische Wissenschaft festgestellt, daß bei einer langzeitigen Freiheitsstrafe einen jeden Gefangenen zweierlei Krankheiten bedrohen, nämlich die Phthisis und eine Reihe von Störungen der Verdauungsorgane.

Die bedeutendste Autorität unter den jetzigen Gefängnißärzten, der Sanitätsrath Dr. Baer zu Plötzensee, schildert die Wirkungen dieser Krankheiten folgendermaßen:

„Die meisten Gefangenen — es ist hier vorzugsweise an solche in den Zuchthäusern und nach einer längeren Strafzeit zu denken — sehen blaß, fahl, schmutzig gelb aus, aufgedunsen oder abgemagert. Sie erscheinen viel älter, als sie wirklich sind, sie schleichen stumpf und träge in ihren Bewegungen und Aeußerungen dahin. Das Fettgewebe ist geschwunden, die Haut ist runzlich und trocken, die Muskulatur schlaff und spärlich, der Puls klein und langsam, die Extremitäten fühlen sich kalt an, und der Gefangene selbst ist gegen die Einwirkung der Kälte ungemein empfindlich. Der Stoffwechsel ist gesunken und alle Organe haben in ihren Funktionen, von ihrer Energie, von ihrem Tonus eingebüßt. Es ist ein frühzeitiger Marasmus, oder wie es andere Gefängnißärzte nennen, eine Kachexie eingetreten, ein Zustand, in welchem die gesammte Vitalität des Organismus erheblich erniedrigt, in welchem alle Lebensthätigkeit und alle Widerstandskraft auf ein Minimum herabgedrückt ist. Daher bei den Gefangenen die viel größere Morbilitätsfrequenz als bei der freien Bevölkerung."

Die Morbilitäts- und Mortalitätsfrequenz wird in den Strafanstalten auf das Aengstlichste überwacht. Denn eine jede Anstalt sucht jährlich mit den günstigsten Zahlen zu glänzen.

Trotz dieses Bestrebens bleiben die Zahlen immerhin noch recht ungünstige. Der Strafanstaltsdirektor von Rawicz, Patzke, theilt z. B. mit, daß in seiner Anstalt von den auf die Dauer von 6 bis 10 Jahre Verurtheilten nur $^3/_8$ die Strafe voll verbüßt, $^5/_8$ durch Tod Abgang gehabt haben. Ueberdies sind alle diese Zahlen nicht zuverlässig, da der Tod in Folge des von Bär geschilderten frühzeitigen Marasmus wohl am häufigsten eintreten wird, sobald der Gefangene aus der Anstalt heraus in eine ihm fremd gewordene Lebensweise und Umgebung zurückversetzt wird. Im Volksmunde finden wir denn auch für die Anstalten zur Verbüßung langzeitiger Freiheitsstrafen den bezeichnenden Ausdruck: „trockene Guillotine".

Wie anders klingt hiergegen der Bericht über die Wirkung des militärischen „mittleren und strengen Arrestes", der allein uns erhalten gebliebenen, aber als inhuman und gesundheitsgefährlich verschrieenen, intensiv verschärften dagegen extensiv abgekürzten Strafe:

„In dem Zeitraum vom 1. April 1873 bis 30. September 1885 — so schreibt das Reichskanzleramt auf Veranlassung einer am 8. Juni 1872 gefaßten Resolution an den Reichstag — sind bei 1 385 451 vollstreckten Arreststrafen im Ganzen nur 50 Erkrankungen zu verzeichnen gewesen, welche auf die Verbüßung einer ordnungsmäßig vollstreckten Strafe im mittleren oder strengen Arrest zurückzuführen waren. Gestorben ist von diesen 50 Erkrankten Keiner. Rechnet man auch diejenigen Erkrankungen von Arrestaten hinzu, welche überhaupt während der Strafverbüßung oder in directem Anschluß an dieselbe wenn auch nicht als deren Folge aufgetreten sind, so beläuft sich die Gesammtzahl der Krankheitsfälle (einschließlich der erwähnten 50) auf 291. Es kommt hiernach auf 4761 Arrestaten je 1 Erkrankung überhaupt und auf 27 709 Arrestaten je 1 Erkrankung, welche als Folge der ordnungsmäßig verbüßten Strafe anzusehen war."

Allerdings die militärischen Verbrecher bestehen ausschließlich aus Männern in der kräftigsten Altersstufe. Aber die Statistik weist nach, daß diese Menschenklasse auch unter den bürgerlichen Verbrechern stark überwiegt. Es betritt allerdings auch von den bürgerlichen Verbrechern ein Theil die Anstalt mit einer bereits gebrochenen Gesundheit, und die Militärsträflinge sind sämmtlich bei ihrem Eintritt in die Armee einer Musterung unterzogen. Aber auch unter den Ausgemusterten werden manche unerkannt den Keim einer Krankheit in sich tragen, welcher, um sich äußerlich zu zeigen, nur des Hinzutretens eines schädlichen Einflusses bedarf. Und dann, was bedeuten die immerhin günstigeren sanitaren Verhältnisse, in welchen der Militärsträfling seine Strafe antritt, gegenüber den obigen Zahlen!

Um aber bei unsern nur in extensiver Beziehung Verschärfungen zulassenden d. h. langzeitigen Strafen überhaupt bis zu dem von Baer geschilderten Zustand vorzudringen, bedurfte es der Ausbildung einer neuen, der sogenannten „Gefängnißwissenschaft". Diese Wissenschaft hat den Kampf gegen die Phthisis durch einen stets wachsenden Luxus in der Ausstattung der Gefängnisse, durch eine stetige Erhöhung des für jeden Gefangenen bestimmten Luftraums, durch Verbannung jeder Staub entwickelnden Arbeit u. s. w. aufgenommen. Gegen die gastrischen Beschwerden kämpft die neue Wissenschaft durch eine fortwährende Verbesserung der Gefangenenkost. Neben der gewöhnlichen und der Krankenkost ist bereits, um auch präventiv Erkrankungen vorzubeugen, eine Mittelkost eingeführt, welche der Anstaltsarzt nach freiem Ermessen verordnen, auch durch besondere Zulagen noch verbessern kann. In dem in Beziehung auf Verpflegung stets als Musteranstalt hingestellten Gefängniß zu Plötzensee haben diese Mittelkost in den letzten Jahren 30—32 % der gesammten Gefangenen genossen. Und über den Umfang der einzelnen Kostarten äußert sich Dr. Baer, der Anstaltsarzt von Plötzensee, folgendermaßen:

„Wir haben eine Gesundenkost, welche schmackhaft zubereitet ist, 3 mal wöchentlich mit 70 Gramm Fleisch verkocht wird und bei welcher auf reichliche Abwechselung und richtige Mischung der Consumtibilien gesehen wird und außerdem eine Kost für bettlägerige im Lazareth befindliche Kranke. Zu der ersteren Kost können Gefangene an den fleischfreien Tagen eine Extrazulage von 125 Gr. Fleisch oder ½ Liter Milch; eventuell beides zugleich, erhalten. Ist die Verdauung oder der Ernährungszustand der Gefangenen derartig, daß er Leguminose &c. nicht vertragen kann, oder daß er einer mehr nahrhaft roborirenden Kost bedarf, so erhält er an den Tagen, an denen die gewöhnliche Kost kein Fleisch enthält, die sogenannte Mittelkost. Diese besteht aus einer Suppe (Bouillon mit Gries, Reis, Nudeln &c.), Gemüse (Rüben, Kohlrabi, Bratkartoffeln, Erbsen &c.) und Fleisch (Braten, Beefsteaks &c.). Zu dieser Mittelkost kann der Gefangene, wenn nöthig, noch täglich ½ Liter Milch bekommen, so daß er außer dieser täglich eine gut bereitete Fleischkost erhält (3 mal wöchentlich à 70 und 4 mal à 150 Gr.).“

Neben dieser den Gefangenen officiell gereichten Kost läßt man dieselben auch noch den größeren Theil des ihnen zur Verfügung gestellten Arbeitsverdienstantheils in den Gefängnißcantinen vernaschen. Nach der Statistik der dem Ressort des Ministeriums des Innern unterstellten Anstalten haben die Gefangenen von den ihnen im Etatsjahre 1884/85 zur Verfügung gestellten 257 425 Mk. nur 20 998 Mk. „zur Unterstützung der Angehörigen abgesandt“, den Rest aber „zur besseren Verpflegung und zu sonst erlaubten Aufwendungen“ verbraucht.

Allerdings mit Beefsteaks und Pallastbauten kann man schon — man muß dies der „Gefängnißwissenschaft“ einräumen — gegen die Störungen der Verdauungsorgane und gegen die Phthisis ankämpfen. Nur schade daß bei solchen Hülfsmitteln die Freiheitsstrafe jedenfalls mehr dem rein civilrechtlichen altgermanischen Institute des Einlagers nähert.

Bei dem noch ehrliebenden Gefangenen giebt es sodann neben Phthisis und den gastrischen Beschwerden noch einen dritten Faktor, welcher bei Verbüßung einer langzeitigen Freiheitsstrafe den von Dr. Baer geschilderten frühzeitigen Marasmus herbeizuführen geeignet ist. Es ist dies die ohne jede Unterbrechung nagende Sorge um die des Schutzes entbehrenden, vielfach darbenden Angehörigen und das unbefriedigt bleibende Verlangen, baldigst wieder als nützliches Glied in die bürgerliche Gesellschaft eintreten zu können.

Wenn die Gefängnißwissenschaft glaubt gegen diesen Seelenschmerz durch Gewährung von Schnupftabak, Kanarienvögeln, Blumentöpfen, „Bildern der Lieben" oder durch die vor kurzem alles Ernstes von v. Holtzendorf in der Zeitschrift „Vom Fels zum Meer" in Vorschlag gebrachte Zeitung für Sträflinge ankämpfen zu können, so dürfte sie im Irrthum sein. Derartige Maßregeln tragen unsers Erachtens nur dazu bei, bei dem ehrlosen, des obigen Seelenschmerzes unfähigen Sträfling das Heimatsgefühl im Zuchthaus, zu welchem derselbe schon aus anderen Gründen neigt, noch zu vermehren.

Geholfen werden kann dem ehrliebenden Sträfling gegen die Folgen des obigen Seelenschmerzes nur durch eine zeitliche Abkürzung der Strafen; und als im Jahre 1869 den bedeutendsten Autoritäten auf dem Gebiet des Strafvollzugs von dem Minister des Innern die Frage vorgelegt wurde: „Darf die zeitige Zuchthausstrafe den Zeitraum von 10 Jahren überschreiten", wurde in der That diese Frage einstimmig verneint. Der bereits erwähnte Strafanstaltsdirektor von Rawicz, hat sich allein in seinem Gutachten noch über den Rahmen der gestellten Frage hinaus mit dem zulässigen Maximum der zeitigen Freiheitsstrafe beschäftigt, und er hat eine Beschränkung des Maximums auf 5—6 Jahre vorgeschlagen.

Trotz alle dem ist im deutschen Strafgesetzbuch das Maximum der zeitigen Freiheitsstrafe auf 15 Jahre festgesetzt und zwar, — wie aus dem Schreiben hervorgeht, mit welchem der Minister des Innern die obigen Gutachten an den Justizminister übersandte —, weil eine weitere Reduction des zeitlichen Maximums, so lange es an Verschärfungen in intensiver Beziehung fehlt, eine hinreichende Bestrafung der schweren Strafthaten unmöglich machen würde.

Weßhalb geht man aber nicht wieder zu Verschärfungen in intensiver Beziehung über, welche dem Interesse der noch ehrliebenden Verbrecher entsprechen würden und welche allein dem Ehrlosen das Heimathsgefühl im Zuchthaus zu vertreiben vermögen, welche den Bestand des Gefangenenheeres gewaltig vermindern, hiermit dem Staate viele Kosten ersparen und gleichzeitig manche andere Schwierigkeiten, an deren Beseitigung sich gegenwärtig „die Gefängnißwissenschaft“ vergeblich abplagt, in Fortfall bringen würde?

Diese Frage findet man in der Litteratur „der Gefängnißwissenschaft“ oft genug beantwortet. Die gegenwärtig herrschende Besserungstheorie sagt sich: sobald man erst eine Methode in der Behandlung der Gefangenen als diejenige erkannt hat, welche mit der meisten Aussicht auf Erfolg zu einer Besserung des Gefangenen führt, wäre es widersinnig, wollte man diese eine Methode nicht völlig gleichmäßig auf alle Gefangenen anwenden.

Mit einem Kampf gegen die Besserungstheorie hat dieserhalb, wir wiederholen es, eine jede Reformbestrebung zu beginnen.

II.

Unsere Berufsverbrecher.

Abdruck aus Nr. 574, 1888, der Nordd. Allg. Zeitung.

„Das Allgemeine Landrecht für die preußischen Staaten bestimmte in Th. II Tit. 20 § 5:

„Diebe und andere Verbrecher, welche ihrer verdorbenen Neigungen wegen dem gemeinen Wesen gefährlich werden könnten, sollen, auch nach ausgestandener Strafe, des Verhafts nicht eher entlassen werden, als bis sie ausgewiesen haben, wie sie sich auf eine ehrliche Art zu ernähren im Stande sind."

Das deutsche Strafgesetzbuch kennt eine derartige polizeiliche Nachhaft nur noch bei der Landstreicherei, der Bettelei und ähnlichen Uebertretungen. Der Dieb, der Betrüger, auch wenn er, wie dies manchmal mit zynischer Frechheit geschieht, offen bekennt, den Diebstahl, den Betrug zum Beruf gewählt zu haben, kann nur noch für die Dauer der ihm jedes Mal auferlegten Strafen dingfest gemacht werden. Den jedesmaligen Bestrafungen liegt aber nicht die ganze Reihe der inzwischen verübten Verbrechen zu Grunde, sondern nur das einzelne Verbrechen, bei welchem sich der immer gewandter werdende Verbrecher hat überraschen lassen. Und dies einzelne Verbrechen rechtfertigt, bei der ausdrücklichen Beschränkung der präventiven Haft auf die obigen Uebertretungen, vielfach nur eine kürzere Strafdauer. So leben unsere Berufsverbrecher in einem steten Wechsel von Freiheit und Gefangenschaft, ein Wechsel, welcher schon an sich geeignet ist, auf gewisse Gemüther einen Reiz auszuüben.

Nun hält man ferner gegenwärtig den Verbrecher in den Perioden seiner Gefangenschaft für den „Gefangenen" der Heiligen Schrift, dessen man in gleicher Weise, wie der Wittwen und Waisen, der Armen und Kranken, in besonderer Liebe gedenken soll. Daß das mosaische Recht Strafgefangene gar nicht kannte, daß die Heilige Schrift vielmehr unter „Gefangenen" die Opfer des Krieges, der Glaubensverfolgung und der Sklaverei verstand, übersieht man dabei völlig; und unter ganz falscher Anwendung von Bibelstellen, wie Jesaia 61, 1, Matth. 25, 36, Ebr. 13, 3 arbeitet man fortgesetzt darauf hin, auch den abgefeimten Verbrechern die Perioden ihrer Gefangenschaft zu erleichtern.

Beseitigt ist bereits jede bei einzelnen Strafarten früher in Uebung gewesene Verschärfung. Selbst die Zuchthausstrafe unterscheidet sich, wie dem Verbrecher sehr wohl bewußt ist, nur noch durch die Farbe der Sträflingsjacken von der vielfach gemeinschaftlich mit ihr vollstreckten Gefängnißstrafe. Dabei baut man den Verbrechern Paläste mit allem „luxuriösen Komfort und sanitairen Raffinement" (Krohne), gewährt ihnen eine Beköstigung, wie sie weder der Soldat noch der günstiger gestellte freie Arbeiter erhält, gewährt ihnen einen Antheil am Arbeitsverdienst und eine Anstaltskantine, und umgiebt sie schließlich mit einer Reihe von Lehrmeistern zum Zweck ihrer Hebung nicht nur in sittlicher und religiöser, sondern auch in wissenschaftlicher und wirthschaftlicher Beziehung.

Der Berufsverbrecher, welchen weder die Sorge um darbende Angehörige noch die Sehnsucht peinigt, bald wieder als nützliches Glied in die menschliche Gesellschaft zurückzutreten, findet sich in dieser verhältnißmäßig ja sehr günstigen Lage bald zurecht. Er weiß sich durch eine sehr rasch an den Tag gelegte „Zuchthausfrömmigkeit" allerlei kleine Vortheile zu verschaffen. Und selbst die peinliche Ordnung, der er sich unterwerfen muß, hat für ihn das Gute, daß sie seinen durch Ausschweifungen geschwächten Körper wieder kräftigt. Dabei läßt sie ihm das demnächstige Leben in der zügellosesten Freiheit noch verlockender erscheinen und giebt seinen Zukunftsträumen einen poetischen Schwung, wie ihn sonst wohl nur der Soldat mit seinem Reservelied kennt.

In der demnächstigen Freiheit genießt der Verbrecher dann

Alles, was ihm in der Anstalt verschlossen war, bis auf die Neige. Aber jetzt muß er oft gerade neben den größesten Ausschweifungen Hunger und Frost leiden. Vielfach sieht er sich von Berufsgenossen hintergangen und sonstigen ihm mißtrauenden Menschen schlecht behandelt. Kommt nun gar hinzu, daß er durch irgend welche Gebrechen in seinen Bewegungen gehindert wird, so erscheint ihm wieder in einem freundlicheren Licht der Gedanke an die Strafanstalt, wo Hunger und Frost unbekannte Begriffe sind, wo sein Körper die sorgfältigste Pflege findet und Jedermann ihm mit aufopfernder Liebe begegnet.

Er wird jetzt in seinen Thaten verwegener, und endlich wieder eingefangen, legt er mit dem größten Gleichmuth ein Geständniß ab, jedoch nur genau in dem Umfange, wie er sich als überführt erachtet. Um den abermaligen Wechsel in nicht zu weite Ferne hinauszuschieben, leugnet er alle nicht nachgewiesenen erschwerenden Umstände und alle weiteren nicht nachgewiesenen Strafthaten.

So bilden denn unsere Berufsverbrecher in der That eine ganz eigenartige, immer zeitweilig beurlaubte Klasse von Staatspensionairen.

Von den Insassen der Zuchthäuser gehört ihnen etwa die Hälfte an. Hiernach ergiebt sich, selbst ohne Berücksichtigung der Gefängniß- und Untersuchungsgefangenen, für Preußen ein regelmäßiges Kontingent von 10 000 verhafteten Berufsverbrechern. Dieselbe Zahl wird sich gleichzeitig jeder Zeit auf Urlaub befinden.

Während der Strafdauer verdienen in Preußen die Berufsverbrecher, selbst wenn die in Bauten für sie angelegten Summen völlig unberücksichtigt bleiben, nicht einmal $^1/_3$ ihrer Unterhaltungskosten. Nach ihrer jedesmaligen Entlassung erfordern sie zum Zweck ihrer späteren Wiedereinfangung eine große Vermehrung der Polizei- und Justizorgane.

Sie belasten mithin den Staatshaushalt in nicht geringem Maße.

Sie bereiten gleichzeitig Verluste, und zwar in einem ungleich erheblicheren Umfang, den einem ehrlichen Erwerb nachgehenden Bürgern, auf welche sie stets in der obigen Zahl von 10 000 Mann ohne jede Schonzeit losgelassen werden. Sie zwingen diese, Haus und Hof, sowie ihre ganze bewegliche Habe mit doppelter Sorgfalt zu bewachen, leben aber trotzdem lediglich auf deren Kosten, und zwar vielfach in Saus und Braus und mit einer zahlreichen Umgebung von Schmarotzern. Dabei lassen sie fast in jedem Fall von Raub und Diebstahl noch den größeren Theil der erbeuteten Güter nutzlos zu Grunde gehen.

Aber neben diesen Eigenthumsverlusten verdient gewiß noch Berücksichtigung das geistige Unbehagen, die Angst und Sorge, welche die Berufsverbrecher im Zustande der Freiheit ihren Mitbürgern bereiten, sowie die Wunden und oft lebensgefährlichen Verletzungen, welche sie denselben bei gelegentlichen Kämpfen schlagen.

Den Verbrecher von Beruf zu erkennen vermag ebensowohl der Polizeibeamte und der Richter, wie der Strafanstaltsbeamte. Aber die letztere Kategorie, welche für die jetzige Richtung in Strafrecht und Strafvollstreckung bestimmend gewesen ist, möchte die Existenz dieser Verbrecherklasse überhaupt leugnen. In den Personalbogen der Strafanstalten vermißt man seit längerer Zeit die frühere Kolonne: „Was von ihnen im Zustande der wieder erlangten Freiheit zu erwarten ist." Um ein ganz beliebiges Beispiel herauszugreifen: bei einem fünf Mal wegen Diebstahls vorbestraften Menschen lautete bei Entlassung aus der letzten Zuchthausstrafe das Führungsattest mit lakonischer Kürze: „gut", der Polizeibericht bei der 4 Monate später erfolgten Wiedereinfangung: „F. lebt nur vom Diebstahl, arbeitet nicht und ist stets mit Geldmitteln vollauf versehen. Er ist einer der raffinirtesten Taschendiebe."

Hat man mit der hier zu Tage tretenden Tendenz erst einmal gebrochen, gehen die verschiedenen Behörden erst wieder Hand in Hand, so dürfte ein Mißgriff bei der Bezeichnung als Berufsverbrecher als ausgeschlossen zu betrachten sein.

Zur Bekämpfung des Berufsverbrechers ist demnach zunächst die irrthümliche Auffassung zu beseitigen, als müsse man solcher Strafgefangenen mit besonderer Liebe gedenken. Auch die Freiheitsstrafen „müssen wiederum werden, was sie von Gottes- und Rechtswegen niemals aufhören dürften zu sein, ein Strafübel und nur ein Strafübel" (Mittelstädt). Führe man wieder intensive Verschärfungen etwa nach dem Vorbild der militärischen strengen

Arreststrafen ein! Gebe man vor Allem der Zuchthausstrafe ihre alte Bedeutung als einer härteren Strafart zurück! Hiermit würde man den Berufsverbrechern das Heimathsgefühl in der Anstalt rauben, dagegen den noch pflichtbewußten und ehrfühlenden Verbrechern eine gewiß gerechtfertigte Wohlthat erweisen.

Diese Verbrecher fragen nicht nach jenen Palästen, von denen z. B. die Anstalt in Wehlheiden beinahe 3 Millionen Mark verschlungen hat; nicht nach verführerischen Speiseordnungen, welche, wie diejenige von Plötzensee, von Beefsteaks und Bratkartoffeln handeln; nicht nach Unterricht in der Literatur und Physik, wie ihn der Anstaltsdirigent Hohlfeld in Aussicht stellt; nicht nach der Sträflingszeitung, welche Professor v. Holtzendorff in Vorschlag bringt. Sie fragen nur: wann tritt der Zeitpunkt ein, an welchem unsere Angehörigen aufhören, durch unsere Schuld zu darben, an welchem wir in unseren ehrlichen Erwerb zurücktreten können. Und dieser Zeitpunkt wird mit jeder intensiven Verschärfung der Freiheitsstrafe mit Nothwendigkeit näher gerückt.

Die Geldmittel und Arbeitskräfte aber, welche man gegenwärtig, ohne daß der Strafzweck sie erfordert, auf Tausende von unverbesserlichen Strafgefangenen verwendet, leite man auf eine andere Klasse über, auf die Arbeitslosen, welche den Wittwen und Waisen, den Armen und Kranken mit größerem Rechte gleichzustellen sind! Vergrößere man die fortwährend überfüllten Wilhelmsdörfer! Organisire man ein einheitliches Stellenvermittelungswesen und den Eisenbahntransport der mittellosen Arbeiter nach den Orten, wo ihrer Arbeit harrt! Hiermit würde man gleichzeitig das Landstreicherheer und die Verbrecherschaar gewaltig verringern.

Der zweite Schritt zur Bekämpfung der Berufsverbrecher ergiebt sich aus dem zu Anfang dieses Aufsatzes zitirten Paragraphen des Landrechts. Gerade zu unerklärlich erscheint es, weshalb die gegenwärtige Gesetzgebung die polizeiliche Nachhaft beibehalten hat bei den ungleich harmloseren Bettlern und Landstreichern, dagegen als inhuman verworfen bei den Berufsverbrechern, z. B. bei den Taschendieben, welche alle Festlichkeiten im Deutschen Reiche und den Nachbarländern aufsuchen, lediglich zu dem Zwecke, um im Volksgedränge ihrem Beruf mit größerem Erfolge nachgehen zu können.

Das Land, welches sich zu derartigen gesetzgeberischen Schritten entschließen könnte, würde bald von den Berufsverbrechern als ungastlich gemieden werden. Diejenigen aber von ihnen, welche zurückblieben, wären vor die Wahl gestellt, entweder ihren Beruf zu ändern, oder ihr Leben in einer ihrem verbrecherischen Thun und Treiben voll entsprechenden wirklichen Strafhaft zu verbringen."

III.

Die Geldstrafe.

Abdruck aus dem 62. Band der Preußischen Jahrbücher.

Der Kreis der Güter, in welche der Staat in Ausübung seiner Strafgerichtsbarkeit eingreifen kann und eingegriffen hat, läßt sich zusammenfassen in: Leben, Gesundheit, Ehre, Freiheit und Vermögen des Uebelthäters.

Die Todesstrafe, im Preußischen Strafgesetzbuch von 1851 noch in 15 Fällen angedroht, hat sich indeß im Deutschen Strafgesetzbuch nur in zwei Fällen erhalten; völlig verschwunden ist die letzte Körperstrafe, die körperliche Züchtigung; und Ehrenstrafen giebt es — abgesehen von dem auf die jugendlichen Uebelthäter beschränkten Verweis — nur noch als Zusatzstrafen.

Bei dieser Sachlage erübrigen für unser Strafensystem immerhin noch zwei verschiedene Strafarten, die Freiheitsstrafe und die Vermögensstrafe, beziehungsweise deren hauptsächlichste Vertreterin, die Geldstrafe.

Nun beherrscht aber seit Anfang dieses Jahrhunderts Wissenschaft wie Gesetzgebung die Besserungstheorie. Diese bezeichnet es als den Zweck, oder doch als eine wesentliche Aufgabe der Strafe, den Uebelthäter in religiöser und sittlicher Beziehung zu heben, ihm höhere wirthschaftliche Fähigkeiten und eine höhere Bildung beizubringen und ihn hierdurch vor den Gefahren des Rückfalls zu schützen. Alles dies hofft sie durch die Freiheitsstrafe, aber auch allein durch die Freiheitsstrafe zu erreichen.

Die Geldstrafe ist allerdings völlig ungeeignet, solche Hoffnungen zu erwecken, und dies ist für ihre Werthschätzung verhängnißvoll geworden. Um von den Vertretern der Wissenschaft nur zwei herauszugreifen, Wahlberg und Schütze*) erklären mit unverkennbarer Geringschätzung: „die Geldstrafe ist für den Besserungszweck nur von untergeordneterer Bedeutung", „sie bietet für den Besserungszweck nur eine geringe Gewähr". Und ein derartiges Strafmittel von nur untergeordneter Bedeutung und nur geringer Gewähr ist man bestrebt gewesen, überall zu Gunsten einer möglichst ausschließlichen Herrschaft der Freiheitsstrafe zurückzudrängen.

Ja selbst zu einer, auch nur einigermaßen erschöpfenden, Erörterung des Wesens der Geldstrafe hat sich die Wissenschaft bisher noch nicht veranlaßt gesehen. Deshalb die mancherlei Fehler, welche die Gesetzgebung selbst auf dem beschränkten der Geldstrafe eröffneten Gebiet begangen hat. Deshalb die Nothwendigkeit, diese Abhandlung mit einigen theoretischen Sätzen zu beginnen:

Wie jedes Glied des jetzigen Strafensystems hat auch die Geldstrafe einen rein strafrechtlichen Charakter. Es steht allerdings bei ihr dem Uebelthäter, als dem zahlenden, der Staat als ein vereinnahmender Theil gegenüber. Aber der Staat vereinnahmt die Strafgelder nur aus dem Grunde, weil er im Interesse des Allgemeinwohls keinen ökonomischen Werth zwecklos untergehen lassen darf.

Er könnte, ohne das Wesen der Geldstrafe zu berühren, alle einzelnen Beträge regelmäßig in das Meer versenken**). Der Zweck der Geldstrafe geht eben ausschließlich auf die Minderung des Vermögens des Uebelthäters im Gegensatz zu dem Schadensersatz, welcher dem Civilrecht angehört und deshalb nur die Aufbesserung der Vermögensverhältnisse des Geschädigten im Auge hat.

Die mit der Geldstrafe bezweckte Vermögensminderung besteht darin, daß dem Uebelthäter innerhalb eines bestimmten Zeitraums alle kaufweise zu erwerbenden Lebensannehmlichkeiten entzogen werden. Die Geldstrafe richtet sich mithin gegen die Ein-

*) Wahlberg, gesammelte Schriften. Wien 1875. II. S. 264; Schütze, Lehrbuch des Strafrechts. Leipzig 1871. S. 74.

**) Stoos in seiner 1878 zu Bern erschienenen Dissertation.

künfte, welche der Uebelthäter aus seiner Arbeit, aus seinem Amt oder aus seinem Kapital zieht, jedoch abzüglich der zu des Leibes Nahrung und Nothdurft erforderlichen Beträge. Und eine solche den Gegenstand der Geldstrafe bildende Differenz ist — nicht zu berücksichtigende Ausnahmen abgerechnet — stets vorhanden. Bleiben doch bei allen Schichten der Bevölkerung nach Bestreitung der Ausgaben für Nahrung, Kleidung und Wohnung noch Mittel für Festlichkeiten und Vereine, für Spirituosen und Tabak, für Schmuck und Kapitalansammlung übrig.

Sehr gering ist allerdings in vielen Fällen diese Differenz. Immer aber ist sie strafrechtlich faßbar, wie dies schon der große Erfolg zeigt, mit welchen in den meisten Fabrikordnungen wöchentliche Lohnabzüge in Höhe weniger Pfennige als Privatstrafe eingeführt sind. Neben derartig geringen Beträgen steigt dann die den Gegenstand der Geldstrafe bildende Differenz stufenweise bis zu den namhaftesten Summen empor. Und hieraus ergiebt sich eine der Geldstrafe völlig eigenthümliche Schwierigkeit bei der Zumessung im einzelnen Straffall.

Um es zu verhindern, daß die Strafe gegen den Einen zu einer ungerechtfertigten Härte führt, gegen den Anderen wirkungslos bleibt, müssen nicht nur, wie bei jeder Strafe, die allgemeinen Strafminderungs- und Straferhöhungsgründe, es muß auch die Höhe der Einkünfte des einzelnen Uebelthäters berücksichtigt werden. Man sage nicht: die Höhe der Einkünfte gehört mit zu den allgemeinen Strafminderungs- und Straferhöhungsgründen. Hierhin gehört allerdings die sociale Stellung des Uebelthäters. Aber diese deckt sich keineswegs mit der Höhe der Einkünfte. Man denke nur an den reichen aber jeder Bildung baren Kleinbürger und den höheren aber unvermögenden Beamten.

Gegen die **Einkünfte** des Uebelthäters richtet sich also die Geldstrafe, und hierdurch unterscheidet sie sich von den anderen, die Quelle der Einkünfte selber angreifenden Vermögensstrafen, von der Vermögenseinziehung, von dem Verlust der Befugniß zum weiteren selbstständigen Betrieb einer Kunst oder eines Gewerbes und dem dauernden oder zeitweisen Verlust eines Amtes. Während aber von diesen Strafen die erste schon in der Verfassungsurkunde von 1850 für unstatthaft erklärt ist, die zweite vom Preußischen in das Deutsche Strafgesetzbuch nicht mit übernommen ist und die dritte einen polizeilichen Charakter, beziehungsweise den Charakter einer Ehrenstrafe angenommen hat, hat die Geldstrafe diese Unterscheidung wieder dadurch durchbrochen, daß auch sie bei einem Theil der Uebelthäter, nämlich denjenigen, deren Einkünfte ganz oder theilweise aus Kapitalbesitz fließen, unter einer Anpassung an die Eigenartigkeit dieser Einkünfte die Quelle selber angreift. Ein Kapital ist eine Ansammlung von früher gezogenen und nicht verbrauchten Einkünften. Es kann im Gegensatz zu den beiden anderen Quellen, zu Arbeitskraft und Amt wieder in die einzelnen Theile, aus denen es hervorgegangen ist, d. h. in einzelne Geldbeträge, zerlegt werden. Und dieser Umstand rechtfertigt es, daß der Staat zur Vereinfachung seiner Strafvollstreckungsthätigkeit bei den Kapital besitzenden Uebelthätern an die Stelle der ratenweisen Zahlungen aus den Einkünften eine einmalige sofortige Zahlung aus dem Kapitalstock treten läßt.

So gelangt man wieder je nach den Quellen, aus welchen die Einkünfte der Uebelthäter fließen, zu zwei verschiedenen Unterarten der Geldstrafe. Zwar lassen sich in der Praxis diese Unterarten nicht streng auseinanderhalten. Auch Uebelthäter ohne Kapitalbesitz ermöglichen es, in Folge von allerhand Umständen, insbesondere die geringer bemessenen Geldstrafen sofort und auf einem Brett zu erlegen. Auf der anderen Seite können Uebelthäter mit Kapitalbesitz vielfach es glaubhaft machen, daß für sie eine sofortige einmalige Zahlung bei der festen Anlage ihres Kapitals mit einer über den Strafzweck hinausgehenden Härte verbunden wäre, und hierdurch das Recht zu einer ratenweisen Zahlung erlangen.

Dennoch will uns die Aufstellung dieser beiden Unterarten als unentbehrlich erscheinen. Sie zeigt zunächst eine weitere Eigenartigkeit der Geldstrafe, welche bei der Vollstreckungslehre zu Tage tritt. Während jede Freiheitsstrafe sofort nach eingetretener Rechtskraft ungetheilt zur Vollstreckung gelangt, tritt bei der Geldstrafe eine sofortige und ungetheilte Vollstreckung nur theilweise, nämlich bei den Kapital besitzenden Uebelthätern ein. Im Uebrigen erheischt das Wesen der Geldstrafe eine ratenweise Vollstreckung an den einzelnen Eingangstagen der Einkünfte der Uebelthäter.

Die Androhung der Geldstrafe kann in dreierlei Form erfolgen. Einmal als ausschließliche Strafart dergestalt, daß der Richter in allen einzelnen Straffällen nur auf diese Strafart erkennen kann. Oder alternativ neben der Freiheitsstrafe dergestalt, daß der Richter das freie Ermessen hat, ob er im einzelnen Straffall die eine oder die andere Strafart verhängen soll. Schließlich cumulativ neben der Freiheitsstrafe dergestalt, daß der Richter im einzelnen Straffall neben der stets zu verhängenden Freiheitsstrafe auch noch auf eine Geldstrafe erkennen muß, oder auch nach seinem Ermessen noch auf eine Geldstrafe erkennen kann.

Was die letzte wiederum in sich zweifache Form betrifft, so vermag auch hier allein die Aufstellung der obigen beiden Unterarten die nöthige Aufklärung zu geben. Der Uebelthäter ohne Kapitalbesitz ist nach seiner Entlassung aus einer etwas längeren Freiheitsstrafe der Regel nach ganz von selbst, ohne einen desfallsigen Richterspruch, seiner Arbeitstelle beziehungsweise seines Amtes und hiermit seiner gesammten früheren Einkünfte beraubt. Die neue Arbeitstelle, das neue Amt, welches er sich mühsam wieder erringt, ist der Regel nach, wenigstens zunächst, von untergeordneterer Art und geringerer Besoldung. Ihn jetzt noch mit einer Geldstrafe, d. h. mit einer weiteren Kürzung seiner Einkünfte, zu verfolgen, wäre eine durchaus unpolitische Härte. Aus diesem Grunde ist diejenige Form, welche dem Richter den Zwang auferlegt, stets neben der Freiheitsstrafe auch noch auf Geldstrafe zu erkennen, zu verwerfen.

Ganz anders liegt die Sache bei dem aus einer Freiheitsstrafe entlassenen Uebelthäter mit Kapitalbesitz. Gegen diesen ist bei der Entlassung die Vollstreckung der gleichzeitig erkannten Geldstrafe längst erledigt, und wenn sich dann die Folgen dieser Vollstreckung in einer Beschränkung der durch die Freiheitsstrafe unberührt gebliebenen Einkünfte äußern, so ist hiermit nur ein glücklicher Ausgleich der pekuniären Nachtheile gegeben, welche aus der Freiheitsstrafe für den Nichtkapitalisten ganz von selbst erwachsen. Hierbei muß auch hervorgehoben werden, daß der Kapitalbesitz eine sittliche Weihe dadurch erlangt, daß man seine unverkürzte Erhaltung, wie die Erhaltung von Arbeitsstelle und Amt, an die Bedingung der Vermeidung einer größeren Gesetzwidrigkeit knüpft, daß weiter das Ansehen des Kapitalbesitzes geradezu eine schwere Schädigung erleidet in jedem einzelnen Fall, in welchem man einen Uebelthäter, der aus Geiz oder Habsucht ein Verbrechen verübt hat, nach Verbüßung seiner Freiheitsstrafe in den unverkürzten Besitz seines Kapitals zurückführt, d. h. eines Kapitals, welches ihm bei Verübung seines Verbrechens gedient, welches er auch, wenigstens theilweise, durch sein Verbrechen erworben hat. Die Form, welche es in das Ermessen des Richters stellt, ob in den einzelnen Straffällen neben der Freiheitsstrafe cumulativ noch auf eine Geldstrafe zu erkennen ist, muß hiernach eine allgemeine Geltung haben, vor Allem aber bei den aus Geiz oder Habsucht verübten Verbrechen.

* * *

Wenn wir uns jetzt zu einer Schilderung und Kritik der jetzigen Gesetzgebung wenden, so finden wir zunächst eine völlige Verkennung des rein strafrechtlichen Charakters der Geldstrafe. Es hat bei dem mangelnden Eindringen in das Wesen der Geldstrafe hier verwirrend eingewirkt einmal die Erinnerung an das Mosaische, das Römische und das gesammte ältere Deutsche Recht bis herab auf das Gesetzbuch Kaiser Carl's von 1533 (vergl. Art. 157 und 158), in welchen sich noch eine Verschmelzung der Geldstrafe mit dem privatrechtlichen Schadensersatz vorfindet; sodann der Einfluß des allgemeinen Preußischen Landrechts von 1794, welches die Geldstrafen als „Einkünfte der Gerichtsbarkeit" bezeichnet und sie als solche den mit der Gerichtsbarkeit belehnten Privatpersonen überweist (Th. II Tit. 17 § 113 u. fg.); schließlich auch die jetzige Gesetzgebung über die Stempel-Steuer- und Zollhinterziehungen, welche sich bei ihren Geldstrafen nicht freigehalten hat von dem Gedanken, es komme von den Defraudanten nur ein gewisser Theil zur Bestrafung und an diese müsse sich der Staat zur Deckung seines Ausfalls halten, eine Gesetzgebung, in welcher mithin in der That eine Mischung von civilrechtlichen und strafrechtlichen Elementen enthalten ist.

So ist es gekommen, daß z. B. Berner, dessen Lehrbuch im Jahre 1886 in 14. Auflage erschienen ist, die Geldstrafe geradezu als eine „aus dem Verbrechen entsprungene Geldschuld" des Uebelthäters gegen den Staat bezeichnet, und daß sich im Deutschen Strafgesetzbuch und in der Deutschen Strafproceßordnung Folgendes findet:

Strafrechtliche Erwägungen haben zu der Bestimmung geführt, es solle gegen diejenigen Uebelthäter, welche wegen mehrerer Verbrechen oder Vergehen gleichzeitig verschiedene Strafen verwirkt haben, nur auf eine Gesammtstrafe erkannt werden, deren Höhe die Summe der verwirkten einzelnen Strafen nicht erreichen darf (vergl. § 74—77 d. Str.G.B.). Eine derartige Bestimmung läßt sich aber vom Standpunkt des Civilrechts nicht rechtfertigen, und dementsprechend bringt § 78 die Ausnahmebestimmung:

„Auf Geldstrafen, welche wegen mehrerer strafbarer Handlungen verwirkt sind, ist ihrem vollen Umfange nach zu erkennen.“

Die Strafe dient zur Verwirklichung des Satzes: „Wer nicht hören will, muß fühlen“. Sie greift in den Willen des Uebelthäters ein, und wo dieser Wille durch Geisteskrankheit umnachtet oder durch den Tod für uns verschwunden ist, hat jede irdische Strafjustiz zu schweigen. Dieser Satz hat auch, soweit dies überhaupt erforderlich erschien, ausdrückliche Anerkennung gefunden in dem über die Strafvollstreckung handelnden Abschnitt der Strafproceßordnung (§§ 481—494). Für die Vollstreckung der Geldstrafe sind aber diese Paragraphen nicht maßgebend, dieserhalb wird vielmehr in § 495 ausdrücklich auf die Vorschriften der Civilproceßordnung hingewiesen. Und so müssen denn Geldstrafen, wie Civilforderungen, gegen Geisteskranke, ja selbst gegen Todte beigetrieben werden. Und um den bei der Vollstreckung einer Strafe gegen einen Todten im modernen Strafrecht denn doch nicht ganz zu unterdrückenden Bedenken wenigstens in etwa gerecht zu werden, bestimmt das Strafgesetzbuch in § 30:

„In den Nachlaß kann eine Geldstrafe nur dann vollstreckt werden, wenn das Urtheil bei Lebzeiten des Verurtheilten rechtskräftig geworden ist.“

Die einfache Uebertragung der civilprocessualischen Vorschriften auf die Geldstrafe führt noch zu einer weiteren Ungeheuerlichkeit. Sie betheiligt, außerhalb des Konkurses*), die Strafvollstreckungsbehörde an dem durch § 709 der Civ.-Pr.-Ord. geschaffenen Wettrennen nach der ersten Pfändung und dem mit dieser verbundenen bevorzugten Pfandrecht. Wenn dann die Behörde die flinkere gewesen ist, wird sie, als Civilgläubiger, befriedigt und zwar zum

*) Die Konkursordnung regelt in § 56 diese Frage im richtigen, strafrechtlichen Sinne, indem sie bestimmt: Im Konkursverfahren können Geldstrafen nicht geltend gemacht werden.

Schaden der wahren Civilgläubiger, welche mit leeren Taschen ausgehen, mithin die strafrechtlich Getroffenen bilden.

Wie wir hervorgehoben haben, kann der Uebelthäter, sofern er nicht etwa Kapital besitzt, nur ratenweise an den Terminen, an welchen seine Einkünfte eingehen, eine Geldstrafe entrichten. Nun ertheilt aber die durch § 495 d. Str.-Pr.-Ord. hier für maßgebend erklärte Civilproceßordnung jedem Inhaber eines rechtskräftigen Urtheils das Recht, seine Forderung sofort und seinem ganzen Umfang nach beizutreiben. Ein Recht, von welchem der wahre Civilgläubiger einem Schuldner ohne Kapitalbesitz gegenüber nur mit der größten Vorsicht Gebrauch machen wird, welches aber für die eine Geldstrafe beitreibende Behörde in Folge der einschränkenden Vorschriften über den Strafaufschub nach Maßgabe der Bestimmungen der Kasseninstruktion zu einer Pflicht wird.

Und der Erfolg einer solchen unglücklichen Verquickung von Strafrecht und Civilrecht ist der, daß gegen die Uebelthäter ohne Kapitalbesitz die Geldstrafen in ihrer überwiegenden Mehrzahl lediglich zu einem Unpfandbarkeitsbericht führen. Ein Erfolg, welcher indeß den Anhängern der Besserungstheorie keineswegs beklagenswerth erscheint. Stützt sich doch auf ihn die Lehre von der Umwandlung der gegen die Mittellosen erkannten Geldstrafen in Freiheitsstrafen, d. h. die unbegrenzte Herrschaft der Freiheitsstrafe wenigstens bei einer Klasse der Bevölkerung.

Allerdings ist hiermit ein Zustand geschaffen, welcher thatsächlich die Bestimmung des § 84 Th. II Tit. 20 des Allg. Preuß. Landrechts:

> „Geldstrafen sollen gegen unbemittelte Personen der niederen Volksklasse nicht erkannt, und wo sie gesetzlich bestimmt sind, in eine verhältnißmäßige Strafbarkeit oder Gefängnißstrafe verwandelt werden"

aufrecht erhält. Hierdurch geräth die Geldstrafe in Widerspruch mit dem unsere Zeit endgültig beherrschenden Grundsatz von der Gleichheit vor dem Gesetze. Hierdurch ist es ermöglicht, daß selbst Männer wie v. Schwarze*) die Geldstrafe einfach als ein

*) Vergl. v. Schwarze, Kritik des Entwurfs e. St.G.B. für die Preuß. Staaten 1843.

Privilegium bezeichnen, eingeräumt den Reichen, um sich von der Freiheitsstrafe loszukaufen.

Was die Lehre von der Zumessung betrifft, so haben von den durch das Deutsche Strafgesetzbuch außer Kraft gesetzten Gesetzbüchern Einige die bei der Geldstrafe zu Tage tretende Schwierigkeit wenigstens im Allgemeinen berücksichtigt. Es bestimmt z. B. das Strafgesetzbuch für Baden in § 48:

> „Bei Bestimmung des Maaßes der Geldstrafe im einzelnen Fall ist neben den allgemeinen Strafminderungs- und Straferhöhungsgründen auch auf die Vermögensverhältnisse des Schuldigen Rücksicht zu nehmen."

Im Deutschen Strafgesetzbuch hat aber selbst ein derartiger allgemeiner Hinweis keine Aufnahme gefunden. Auch es ist nicht ersichtlich, ob die von gewisser Seite bekämpfte*), Anpassung an die Vermögensverhältnisse des Uebelthäters überhaupt gebilligt wird. Dagegen spricht der Umstand, daß gerade bei dem jetzigen Anwachsen der großen Privatvermögen die Strafmaxima durchweg so überaus niedrig bemessen sind. Sie erreichen bei der überwiegenden Mehrzahl aller Androhungen wegen eines Verbrechens und Vergehens nicht einmal den Beitrag von 1000 Mark. Der höchste Satz, zu welchem man emporgestiegen ist, beträgt 6000 Mark**), während schon das Allg. Preuß. Landrecht von 1794 sich bis zu 3000 Thalern und 1000 Ducaten verstiegen hat.

Gegen eine beabsichtigte Anpassung an die Vermögensverhältnisse der Uebelthäter spricht auch die Regelung, welche die Lehre von der Umwandlung der nicht beitreibbaren Geldstrafen in Freiheitsstrafen gefunden hat (vergl. §§ 28 und 29 d. St.G.B.). Hier würde man anderen Falls dem Richter in den Geldbeträgen, welche einer eintägigen Freiheitsstrafe gleichzustellen sind, einen größeren, der Ungleichheit der Vermögensverhältnisse einiger Maaßen entsprechenden Spielraum eingeräumt haben. Dieser Spielraum

*) Vergl. Revision des Entwurfs des Preuß. Strafgesetzb. von 1843. Berlin 1845, Bd. I. S. 78.

**) Das Wuchergesetz von 1880 hat sich bis zu einem Maximalsatz von 15,000 Mark verstiegen. Der gegenwärtig in Italien zur Berathung stehende, sich stark an das deutsche Recht anlehnende Strafgesetzbuchsentwurf von 1887 bescheidet sich jedoch wieder bei einem Maximalsatz von 10,000 Lires.

bewegt sich aber in dem Rahmen von 3—15 Mark, während schon das Allg. Landrecht einen solchen von 5—40 Thaler hatte. Und von den beiden Hülfsarbeitern bei Fertigstellung des ersten, maßgebend gebliebenen, Entwurfs erklären hinsichtlich dieses Spielraums in ihren Kommentaren Rüdorff: der höchste Satz sei bei der Umwandlung nicht ausschließlich den Vermögenden, sondern auch „den Schuldigen aus den arbeitenden Klassen zu Gute zu rechnen", Rubo: alle in dem obigen Spielraum sich bewegenden Geldstrafen seien ganz gleichmäßig gegen vermögende und unvermögende Uebelthäter in den Einheitssatz der Freiheitsstrafe umzuwandeln.

In der Rechtsprechung überwiegt allerdings trotz alledem das Bestreben, die Geldstrafen den Vermögensverhältnissen der einzelnen Uebelthätern anzupassen. Aber bei dem Mangel einer festen Anweisung, welche, wie dies die Motive zu § 24 des ersten Entwurfs mit Recht hervorheben, für das Strafrecht überall von der größten Wichtigkeit ist, konnte mit diesem Bestreben nur Unvollkommenes und Ungleichmäßiges erreicht werden. Gegen die Mittellosen wird täglich auf Geldbeträge erkannt, welche auf den ersten Blick für diese als unerschwinglich erscheinen müssen. Gegen die Vermögenden sind aber durch die zu niedrig bemessenen Strafmaxima dem Richter die Hände geradezu gebunden. Und wenn derselbe hier von dem Streben der Anpassung an die Vermögensverhältnisse nicht lassen will, d. h. wenn er sich scheut, wirkungslose Strafen zu verhängen, so wird er in den Fällen der alternativen Androhung von Geldstrafe und Freiheitsstrafe vielfach zu der Letzteren greifen, wenn an sich die Wahl der Ersteren sehr wohl gerechtfertigt wäre.

Was die cumulative Androhung der Geldstrafe neben der Freiheitsstrafe betrifft, so muß diese, wie wir hervorgehoben haben, die allgemeinste Anwendung finden und zwar vor Allem bei den aus Geiz und Habsucht verübten Verbrechen und Vergehen; dies indeß nur in der Beschränkung auf die kapitalbesitzenden Uebelthäter, während die einen Zwang für den Richter enthaltende Form zu verwerfen ist.

Das Deutsche Strafgesetzbuch droht aber cumulativ die Geldstrafe überhaupt nur in 13 Fällen an. Nicht berücksichtigt ist z. B. die Falschmünzerei, der Meineid, die Verleitung zum Meineid, die gewerbsmäßige Hehlerei, die gewerbsmäßige Kuppelei, die gewerbsmäßige Verleitung zur Auswanderung unter Vorspiegelung falscher Thatsachen. Und von den obigen 13 Fällen enthalten drei, die §§ 264, 265 und 349, den richterlichen Zwang.

Der Erfolg dieser Gesetzgebung ist wiederum folgender: Bei Anwendung der letzten 3 Paragraphen enthalten alle gegen Uebelthäter ohne Kapitalbesitz erkannten Geldstrafen lediglich eine Verlängerung der gleichzeitig erkannten Freiheitsstrafe auf dem Umwege der in den §§ 28 und 29 vorgeschriebenen Umwandlung. Bei Anwendung der vielen bei der cumulativen Androhung unberücksichtigt gebliebenen Paragraphen müssen die zu verhängenden Freiheitsstrafen vielfach verlängert werden, muß manche sachgemäße Abkürzung der Freiheitsstrafe unterbleiben.

An allen Stellen wird, wie wir sehen, im Dienste der Besserungstheorie die Geldstrafe zu Gunsten der Freiheitsstrafe eingeengt. Dann hat man aber doch wieder nicht verkennen können, daß für die beabsichtigte Einwirkung auf die Uebelthäter auch von den Freiheitsstrafen nur die länger bemessenen eine Gewähr bieten können. Deshalb die Vernachlässigung der zur Verbüßung kurzzeitiger Freiheitsstrafen bestimmten Anstalten in einem Maaße, daß diese noch nach einer beinahe 100jährigen Herrschaft der Besserungstheorie von zuständiger Seite als „Pflanzschulen für die Zuchthäuser", als „Elementarschulen des Lasters" bezeichnet werden können. Gewiß, in neuster Zeit ist Vieles zur Hebung auch dieser Anstalten geschehen. Aber noch im Jahre 1880 konnte auf der Bremer Versammlung Deutscher Strafanstaltsbeamten der Kommissarius der Preußischen Regierung erklären:

> „Die Sträflinge in den Zuchthäusern erzählen, wie sie in den kleinen Gefängnissen zum Verbrechen angelernt worden sind."

Neben einer solchen Vernachlässigung erfolgt denn in den zur Verbüßung langzeitiger Strafen bestimmten „Musteranstalten" die größte Anspannung von Arbeitskraft und Kapital, d. h. die Aufwendung aller Künste der sogenannten „Gefängnißwissenschaft". Fühlt sich doch hier die herrschende Richtung bei dem von ihr selber geschaffenen System vor die doppelte Aufgabe gestellt, bei den Uebelthätern gutzumachen einmal, was das Leben in der Freiheit verfehlt und dann was die bereits durchlaufenen kleinen Anstalten gesündigt haben.

Dies ist aber eine Aufgabe, welche, wie bei ruhiger Ueberlegung ein Jeder einsehen muß, nicht gelöst werden kann. Thatsächlich wird mit der übergroßen auf ihre Lösung gerichteten Anstrengung nicht Anderes erreicht als eine Erziehung zur Heuchelei und Selbstüberhebung, also eine weitere Verschlechterung der Uebelthäter*).

* * *

Indem wir uns jetzt zu unsern gesetzgeberischen Vorschlägen wenden, wollen wir zunächst die naturgemäßen Grenzen zwischen Freiheitsstrafe und Geldstrafe festzustellen versuchen:

Die Freiheitsstrafe ist unentbehrlich bei allen schwereren, nicht mehr mit dem Tode bedrohten Verbrechen, welche geeignet sind, ein allgemeineres Aergerniß zu erregen. Hier reißt sie diejenige Person, welche das Aergerniß gegeben hat, wenigstens für eine gewisse Zeit aus der Umgebung, welche das Aergerniß genommen, heraus.

Die Freiheitsstrafe erscheint sodann als die sachgemäße Strafart bei allen Verbrechen und Vergehen aus Zügellosigkeit und Arbeitscheu. Die strenge Zucht und die harte Arbeit, welche man mit der Freiheitsstrafe verbinden kann, wird gerade hier als ein hartes Uebel empfunden.

Hiermit schließt aber auch das Gebiet der Freiheitsstrafe ab. Alle kein allgemeineres Aergerniß gebenden Strafthaten fallen, sofern nicht Arbeitscheu und Zügellosigkeit vorliegt, ausschließlich der Geldstrafe, als der milderen Strafart, anheim. Daneben greift die Geldstrafe cumulativ in das ganze der Freiheitsstrafe zustehende Gebiet ein, vor Allem überall dort, wo Geiz und Habsucht**) den Beweggrund bilden. Geiz und Habsucht entspringen einer Verschie-

---

*) Diese allerdings hart klingende Behauptung habe ich des Näheren begründet in einer im Jahre 1885 im Verlag von Fr. Vahlen in Berlin erschienenen Schrift: „Die Strafen des Deutschen Strafgesetzbuchs und deren Vollzug". Der Versuch einer Widerlegung ist immer noch nicht unternommen.

**) Bereits Kleinschrod nimmt in seinen 1799 erschienenen „Grundbegriffen des Peinlichen Rechts" eine derartige, scheinbar in Vergessenheit gerathene, Gegenüberstellung der Verbrechen aus Arbeitscheu und aus Habsucht vor (vgl. S. 113).

bung der richtigen Werthschätzung der irdischen Güter. Der richtig denkende Mensch zieht nicht nur Leib und Leben, sondern auch Ehre und Freiheit dem Gelde vor. Der Verbrecher aus Geiz und Habsucht liebt über Alles seinen Mammon; er wird hier am empfindlichsten berührt.

Um aber die Geldstrafe in diese ihr naturgemäß gebührende, sie der Freiheitsstrafe völlig ebenbürtig machende Stellung einführen zu können, bedarf es zuvor einer sachgemäßen innern Ausbildung derselben. Zunächst ist ihr rein strafrechtlicher Charakter überall durchzuführen. Zu beseitigen ist die Ausnahmebestimmung, nach welcher Geldstrafen bei einem Zusammentreffen einfach, wie Civilforderungen, zusammengezählt werden, vor Allem aber die Ausnahmebestimmung, nach welcher man gegenwärtig mit Geldstrafen Geisteskranke, ja selbst Todte verfolgt.

Sollten die Stempel-Steuer- und Zollhinterziehungssachen wirklich Ausnahmen erheischen, so beschränke man letztere wenigstens auf diese Sachen.

Zu beseitigen ist sodann der beleuchtete Mangel einer Zumessungs- und einer strafrechtlichen Vollstreckungslehre.

Die Zumessungslehre muß sich aufbauen auf den ausdrücklich auszusprechenden Grundsatz von der doppelten Anpassung an die allgemeinen Strafminderungs- und Straferhöhungsgründe und an die Vermögensverhältnisse der Uebelthäter. Für die letztere, der Geldstrafe völlig eigenartige, Anpassung bedarf es weiter noch einer besonderen Anweisung. Filangieri schlägt in seinem 1780—1785 erschienenen Werke: La Scienza della Legislazione (Bd. III. K. 32) dieserhalb vor, die Geldstrafe nicht auf eine bestimmte Summe zu bemessen, sondern auf eine erst demnächst auszurechnende Quote vom Kapital des Uebelthäters. Dieser Vorschlag würde indeß, so gründlich er zu sein scheint, bei einer praktischen Einführung auf große Schwierigkeiten stoßen. Wie soll z. B. jedes Mal die genaue Größe des Kapitals, nach welcher die Strafe zu berechnen ist, festgestellt werden? Soll man etwa in allen, auch den unbedeutendsten Straffällen den Uebelthäter zum Offenbarungseid anhalten? Der ausschlaggebende Fehler dieses Vorschlags besteht aber darin, daß er sich nicht an die Einkünfte der Uebelthäter, sondern an den, nur bei einem Theil der Uebelthäter vorkommenden, Kapitalbesitz anlehnt, daß er mithin die

Geldstrafe, wie dies Filangieri auch ausdrücklich einräumt, für die Uebelthäter ohne Kapitalbesitz unanwendbar macht.

Bonneville de Marsangy, einer der Verfechter des Filangierischen Vorschlages, erwähnt in seinem 1864 erschienenen Werke: „de l'amélioration de la loi criminelle“ Bd. II. S. 285 gelegentlich eines älteren Französischen Provinzialrechts, welches eine Geld strafe zunächst nur für die niedrigste Klasse festsetzt und daneben für die höheren Klassen eine angemessene Erhöhung des festgesetzten Satzes anordnet. Dieser bereits im Strafgesetzbuch des Kantons Tessin von 1817*) verwerthete Gedanke dürfte als der richtige zu betrachten sein.

Es wird dieserhalb vorgeschlagen: Bei der Feststellung der Minimal- und Maximalsätze, innerhalb derer sich bei den einzelnen Strafthaten die Strafe je nach der Schwere des Falls zu bewegen hat, sind zunächst nur die Verhältnisse des Uebelthäters auf der niedrigsten Stufe der Einkünfte zu berücksichtigen. Der allgemeine Theil des Gesetzbuches muß dann eine stufenweise Eintheilung der Uebelthäter nach der Höhe der Einkünfte sowie eine Bestimmung über das Verhältniß bringen, in welchem für die höheren Stufen die obigen Minimal- und Maximalsätze zu erhöhen sind.

Eine stufenweise Eintheilung bietet sich ganz von selbst in den verschiedenen Klassen der Einkommensteuer. An theoretischer Gründlichkeit steht eine solche dem Filangierischen Vorschlag nach. Aber sie reicht für den praktischen Gebrauch vollkommen aus, wenn man nur für die Ausnahmefälle, in welchen ein schroffes Mißverhältniß zwischen Einschätzung und der thatsächlichen Höhe der Einkünfte behauptet wird, ein abgekürztes Ermittlungsverfahren zuläßt. Eine einfache Uebertragung der sich ganz von selbst bietenden steuerlichen Eintheilung ist allerdings nicht angängig aus dem auf politischen Zufälligkeiten beruhenden Umstand, daß Deutschland keine einheitliche Einkommensteuer besitzt, eine solche auch in absehbarer Zeit nicht zu erwarten hat. Unter Zugrundelegung der verschiedenen Steuergesetze wird sich aber mit einiger Mühe die erforderliche Eintheilung für das einheitlich gewordene Strafrecht wohl finden lassen.

*) Vgl. Temme, Lehrbuch des Schweiz. Strafr. 1855 S. 269).

Das Verhältniß, nach welchem die Straffätze für die höheren Klassen zu erhöhen sind, kann dabei ein derartiges sein, daß solche Vermögensbewegungen, gegen welche sich aus volkswirthschaftlichen Gründen Bedenken erheben können, vermieden werden.

Eine Einschränkung muß dieser Vorschlag allerdings erleiden hinsichtlich der Uebertretungen, d. h. der geringsten aller Strafthaten, welche objektiv keine Rechtsverletzung, subjektiv nichts Unsittliches enthalten und nur aus polizeilichen Gründen unter Strafe gestellt sind. Hier, z. B. bei den Verletzungen der Straßen-, Bau- und Feuerpolizeilichen Vorschriften und des Meldewesens, kann der auf Zufügung eines Uebels gerichtete Strafzweck in seiner Schärfe nicht hervortreten. „Aux contrevenants la loi veut donner un avertissement plus encore, que leur infliger une peine“ drückt dies Rossi treffend in seinem Werke: „Traité de droit pénal“ T. III CXII aus. Hier bedarf es mithin keiner Sorgfalt bei der Anpassung an die Verhältnisse der vermögenderen Uebelthäter, und deshalb kann hier die Berechnung der jedesmal zur Anwendung kommenden Sätze unterbleiben. Dabei erscheint hier aber auch angemessen eine Herabsetzung des jetzigen Minimalsatzes von 1 Mark etwa auf 50 Pfennige. Für die auf der niedrigsten Vermögensstufe Stehenden ist der Verlust von 1 Mark schon ein sehr empfindlicher. Von den 110 Personen, welche in Cöln im Jahre 1887 — d. h. in einer Stadt des größten Wohlstandes und in einem Jahre des besten Verdienstes — von einer amtsgerichtlichen Strafabtheilung wegen einer Uebertretung zu einer solchen Strafe von 1 Mark verurtheilt sind, haben bei dem jetzigen Vollstreckungsverfahren 33 diese Strafe nicht zu erschwingen vermocht und mußten deshalb ihre Strafthat mit einer 1tägigen Freiheitsstrafe büßen.

Sodann kann eine Schwierigkeit noch in dem Umstand gefunden werden, daß sich ab und zu während der Dauer der Strafvollstreckung die Vermögenslage der Uebelthäter verschlechtert. Dieserhalb wird weiter vorgeschlagen, dem Vollstreckungsrichter einzuräumen, auf Grund einer vor ihm zu führenden Verhandlung die noch ausstehenden Raten unter Zugrundelegung der niedrigeren Stufe der Einkünfte herabzusetzen, auch Abänderungen in den im Urtheil festgesetzten Terminen vorzunehmen. Der hierin liegende Einbruch in das Princip der „res judicata“ wäre ein so geringer, daß er zu einem Bedenken keine Veranlassung geben dürfte.

Zahlt der Uebelthäter die ihm auferlegte Geldstrafe nicht freiwillig, so muß gegen ihn, falls er Kapital besitzt, mit Execution und Offenbarungseid vorgegangen werden. Falls er seine Einkünfte lediglich aus Arbeitstelle und Amt bezieht, ist die — wegen einer Civilforderung unzulässige, beziehungsweise nur in einem beschränkten Maße zulässige — Beschlagnahme auf Lohn und Diensteinkommen am Platze und zwar jedesmal in Höhe der einzelnen Raten der Strafe, welche je nach der Entbehrlichkeit für jeden Auslöhnungstag des Uebelthäters bemessen sind.

Als ein äußerst wirksames Mittel zur Sicherung der Vollstreckung erscheint daneben der von Filangieri nach dem Vorbild der Attischen Gesetzgebung gemachte Vorschlag, dem Verurtheilten, als in der Strafvollstreckung befindlich, die Ausübung aller staatsbürgerlichen Rechte so lange zu untersagen, als nur ein Theil der Geldstrafe aussteht.

Unbeitreibbar wird trotz alledem die Geldstrafe in vereinzelten Fällen bleiben. Diese vereinzelten Fälle rechtfertigen aber keineswegs das Umwandlungsverfahren nach den §§ 28 und 29 des Str.G.B. Geld und Freiheit sind, wie der Bundescommissar in der Verhandlung des Reichstags des norddeutschen Bundes vom 5. März 1870 betont, „nicht commensurable Größen". Und aus diesem Grunde hat man bereits die vom Allgemeinen Landrecht in Th. II. Tit. 20 § 87 noch vertretene Umwandlung der wegen andauernder Krankheit nicht vollstreckbaren Freiheitsstrafen in Geldstrafen fallen lassen. Bei der vorgeschlagenen sorgfältigen Anpassung an die Vermögensverhältnisse der Uebelthäter und der vorgeschlagenen Vollstreckungslehre werden sich aber auch die vereinzelten Fälle der Unbeitreibbarkeit einer Geldstrafe auf die völlig arbeitscheuen Uebelthäter beschränken. Und die Letzteren werden bei der gegenwärtigen regen Theilnahme der unteren Schichten an dem politischen Leben den Verlust des allgemeinen Wahlrechts eher als ein Uebel empfinden, als den ihnen aus der Umwandlung erwachsenden kurzen sorgen- und anstrengungslosen Aufenthalt in den Plaudersäleu unserer kleinen Gefangenanstalten. Außerdem wird bei ihnen eine andauernde richterliche Controlle von den größten allgemeinen Vortheilen sein. Sie muß das unbeobachtete

Nachgehen nach einem strafbaren Erwerb stören, und in vielen Fällen zur Arbeit zwingen oder außer Lande treiben.

Wird aber ein Uebelthäter, nachdem einmal eine Geldstrafe gegen ihn unbeitreibbar geblieben ist, rückfällig, so wird seine erwiesene Arbeitscheu bei schwereren Strafthaten die unmittelbare Verhängung einer Freiheitsstrafe rechtfertigen. Bei Uebertretungen erscheint alsdann angemessen die zwangsweise Heranziehung zu Gemeindearbeiten, eine Strafart, welche im Einführungsgesetz zum Deutschen Strafgesetzbuch ausdrückliche Anerkennung gefunden, sich aber doch nur im Forstdiebstahlgesetz erhalten hat, im Strafgesetzbuch selber dem Ansturm der Freiheitsstrafen erlegen ist.

Man sage nicht, die Ausbildung, welche wir hiermit für die Geldstrafe in Vorschlag gebracht haben, sei zu umständlich. Was die Thätigkeit des erkennenden Richters betrifft, so ist bei genauer Betrachtung die Berechnung der in den einzelnen Fällen zur Anwendung kommenden Minimal- und Maximalsätze ungleich einfacher als die jetzige Umwandlungsberechnung nach den §§ 28 u. 29 d. Str.G.B. Und auch die — nur bei den Uebelthätern ohne Kapitalbesitz erforderliche — Aufnahme von Terminen und Raten macht die Urtheilsformel nicht weitläufiger als die jetzige regelmäßig erforderliche Verurtheilung in zweierlei Strafarten, in der Geldstrafe und der Freiheitstrafe für den Fall der Unbeitreibbarkeit. Allerdings die Thätigkeit des Strafvollstreckungsrichters wird um ein Erhebliches vermehrt, nämlich um die Schreibereien zur Controllirung des Eingangs der einzelnen Raten, zur Ermittlung des wechselnden Aufenthalts und der wechselnden Arbeitsstelle der Verurtheilten. Aber in einem ungleich größeren Maße als die Thätigkeit des Richters zunimmt, nimmt die Thätigkeit des Gefängnißbeamten ab; und der Richter erhält durch seine Mehrarbeit zahlreiche arbeitsame Personen der Freiheit, schützt sie vor der Gefahr, in der Freiheitsstrafe zum Bösewicht zu werden, bewahrt sie und ihre Familie vor einer nicht gerechtfertigten Schande. Was aber die Kosten einer solchen Vollstreckung betrifft, so würde es selbst dann nicht verfangen, wenn sich dieselben bis zu der Gesammthöhe aller eingehenden Strafgelder belaufen sollten. Die Geldstrafe ist eben keine Einnahmequelle, sie bezweckt lediglich die Minderung des Vermögens des Uebelthäters. Dagegen vermag dieselbe dem Staat und der Gemeinde viele

Kosten zu ersparen, welche gegenwärtig der Erstere auf die Gefangenhaltung des Uebelthäters, die Letztere auf die Unterhaltung der Angehörigen während der Dauer der Freiheitsstrafe aufwendet.

Die größere Thätigkeit der Richter auf dem Gebiet der Strafvollstreckung müßte auch ihren Lohn darin finden, daß sie den Einfluß bräche, welchen gegenwärtig die Gefängnißbeamten auf das Strafrecht erworben haben. Die Gefängnißbeamten kennen aus eigener Anschauung nur den Uebelthäter und nicht den vom Uebelthäter angestifteten Schaden, sie kennen aber auch nur den Uebelthäter derjenigen Kategorie, für deren Unterbringung ihre Anstalt bestimmt ist; die Anfänger und die nur mit einer Uebertretung belasteten Uebelthäter bleiben ihnen der Regel nach völlig fremd. Und auch die in ihre Behandlung gelangenden Uebelthäter sehen sie vielfach nicht ohne die Maske, welche sich dieselben im Laufe der Untersuchungshaft nach Anleitung der erfahrensten Genossen für die Strafhaft einstudirt haben. In strafrechtlicher Beziehung sind ihre Anschauungen mithin völlig einseitige.

Diese Vorschläge über die Ausbildung der Geldstrafe sollen indeß, wie hiermit auf das Nachdrücklichste betont wird, nach keiner Seite hin irgend eine abschließende Bedeutung haben. Es genügt vollständig, wenn mit ihnen die Ausbildungsfähigkeit und hiermit die Möglichkeit dargethan ist, der Geldstrafe die ihr gebührende, sie der Freiheitsstrafe ebenbürtig machende Stellung in unserem Strafensystem einzuräumen.

Das Deutsche Strafgesetzbuch droht, wenn man von den Uebertretungen absieht, die Freiheitsstrafe an in 334 Fällen, d. h. in allen Fällen mit Ausnahme der §§ 80 u. 211, in welchen sich die Todesstrafe erhalten hat und der §§ 145, 276 u. 285, in welchen die Geldstrafe, allerdings immer vorbehaltlich der Umwandlung nach den §§ 28 und 29, die ausschließliche Strafart bildet.

Dagegen ist die Geldstrafe nur in 77 Fällen vorgesehen; 3 Mal, wie soeben bemerkt, als ausschließliche Strafart, 13 Mal, wie früher hervorgehoben, cumulativ und 61 Mal wahlweise neben der Freiheitstrafe.

Nun eignet sich aber zu einer ausschließlichen Androhung die Geldstrafe nach Verwerfung des Umwandlungsverfahrens nicht.

Es muß vielmehr dem Richter bei allen Strafthaten die Möglichkeit gegeben sein, gegen den arbeitscheuen Uebelthäter, gegen welchen bereits eine Geldstrafe unbeitreibbar geblieben ist, auf Freiheitsstrafe oder zwangsweise Anhaltung zu Gemeindearbeiten zu erkennen.

Was dagegen die wahlweise Androhung der Geldstrafe betrifft, so muß diese in mehrfacher Beziehung eine Ausdehnung erhalten.

Zunächst auf sämmtliche Vergehen aus Fahrlässigkeit, sowie auf sämmtliche Antragsvergehen. Die diese Vergehen behandelnden Paragraphen sind gegenwärtig getheilt. Die Geldstrafe wird wahlweise zugelassen in den §§ 121^{2}, 230, 309^{1}, 318, 345^{2}, 347^{2}, 123, 185, 186, 187, 189, 223, 230, 303. Dagegen wird ausschließlich Freiheitsstrafe angedroht in den §§ 163, 222, 309^{2}, 314, 316, 326, 329^{2}, 329^{3}, 170, 172, 182, 236^{2}, 237^{2}, 288.

Sodann ist die wahlweise Androhung der Geldstrafe auszuauszudehnen auf die Mehrzahl der leichteren Vergehen gegen das Eigenthum, welche in einzelnen Fällen ihren Beweggrund haben können weder in Arbeitsscheu und Zügellosigkeit, noch in Geiz und Habsucht, sondern in einer an Geisteskrankheit grenzenden augenblicklichen Lüsternheit, oder in einer an Nothstand grenzenden augenblicklichen Nothlage. Das Deutsche Strafgesetzbuch hat sich diesen milder zu beurtheilenden Fällen keineswegs verschlossen. Es gewährt die Möglichkeit der Verhängung einer Geldstrafe beim Betrug und der Unterschlagung, desgleichen noch beim Diebstahl, wenn Nahrungs- und Genußmittel zum alsbaldigen Verzehr entwendet sind. Dann macht es aber, im Bann der Besserungstheorie befangen, ohne System Halt, so daß z. B. bedingungslos mit Freiheitsstrafe belegt werden müssen, derjenige, welcher von einer von einem Anderen unterschlagenen Sache wissentlich etwas angenommen, sowie derjenige, welcher Kohlen zur alsbaldigen Verheizung entwendet hat.

Schließlich giebt es noch mehrere vereinzelne Vergehen gegen die öffentliche Ordnung, gegen den Personenstand, gegen die persönliche Freiheit und gegen das Verbot des Zweikampfs, welche gegenwärtig ausschließlich mit Freiheitsstrafe bedroht sind, sehr wohl aber in einzelnen Fällen eine mildere Beurtheilung zulassen. Wir rechnen hierhin die §§ 137, 138, 139, 169, 201, 203, 205, 210, 235^{1} und 239.

Was die cumulative Androhung der Geldstrafe betrifft, so ist deren jetzige Beschränkung auf 13 Fälle überhaupt nur verständlich vom Standpunkt der die Alleinherrschaft der Freiheitsstrafe überall anstrebenden Besserungstheorie.

Es wird dagegen in Vorschlag gebracht eine cumulative Androhung der Geldstrafe ganz ausnahmslos bei allen Verbrechen und Vergehen, allerdings mit der Beschränkung auf die einen Kapitalstock besitzenden Uebelthäter, und zwar einmal zur Ausgleichung des sich für den Nichtkapitalisten aus der Freiheitsstrafe ganz von selbst ergebenden Vermögensnachtheils, sodann auch zur Ermöglichung einer Abkürzung der Dauer der Freiheitsstrafe.

Bei der Cumulation beider Strafarten muß der Schwerpunkt auf die Geldstrafe gelegt werden, wenn ein **Vergehen** aus Geiz oder Habsucht vorliegt. Eine Verurtheilung wegen Betrugs zu einer Geldstrafe von nur 3000 Frcs. neben einer zweijährigen Gefängnißstrafe, wie sie ein Pariser Gericht vor Kurzem in der allgemein bekannten Ordensschacherſache ausgesprochen hat, kann doch wohl nicht als sachgemäß erscheinen.

Bei dem **Verbrechen** aus Geiz und Habsucht z. B. bei dem aus einem solchen Beweggrund verübten Meineid, muß allerdings wegen des gegebenen Aergernisses der Schwerpunkt bei der Freiheitstrafe verbleiben. Aber gerade hier darf neben der Freiheitsstrafe die Geldstrafe bis zu den namhaftesten Summen anwachsen. Die volkswirthschaftlichen Nachtheile, welche eine jede größere Vermögensbewegung zur Folge haben kann, werden hier mehr wie ausgeglichen durch die Vortheile, welche für das Allgemeinwohl aus der Erschütterung der Machtstellung eines solchen Uebelthäters erwachsen.

* * *

Wenden wir uns jetzt zu den beiden gegen die Geldstrafe erhobenen Bedenken. „Durch die Geldstrafe wird nicht nur der Uebelthäter, sondern auch dessen unschuldige Familie getroffen“: also lautet der erste von den Anhängern der Besserungstheorie immer wieder von Neuem betonte Satz. In der Hartnäckigkeit der Betonung liegt aber auch das allein Beachtenswerthe dieses Satzes. Es ist nun einmal eine nothwendige Folge unserer gesellschaftlichen Ordnung, daß die Glieder einer Familie gemeinschaftlich Leid, wie Freud empfinden, und nur durch eine Umgestaltung auf kommunistischer Grundlage ließe sich hier eine Aenderung schaffen. Ueberdies ist dies Mitempfinden der Familienglieder ja gerade bei der Freiheitsstrafe am härtesten. Während die Geldstrafe nur die Einkünfte des Ernährers schmälert, reißt die Freiheitsstrafe das Haupt der Familie völlig aus Arbeit und Verdienst heraus.

Sodann ist das Vermögen, im Gegensatz zu Freiheit und Ehre, schon an sich ein höchst wandelbares Gut. Völlig unverschuldete Umstände können dasselbe täglich in einer auch die Familienglieder in Mitleidenschaft ziehenden Weise schmälern. Wie kann es da eine besondere Beachtung verdienen, wenn die Schmälerung durch einen Verstoß des Familienhauptes gegen das Strafgesetz veranlaßt ist?

Schließlich sei noch darauf aufmerksam gemacht, daß die Geldstrafe nach diesen Ausführungen eine erheblichere Vermögensbewegung nur bei den Verbrechen und Vergehen aus Geiz und Habsucht zuläßt. Und hier haben die die Strafe mitempfindenden Familienglieder der Regel nach auch von den vorangegangenen Gesetzwidrigkeiten Nutzen gezogen.

Das zweite Bedenken lautet: „Ein Dritter kann durch Erlegung der Geldstrafe die beabsichtigte Wirkung gegen den Uebelthäter verhindern".

Hierauf ist zu erwidern: ein gesunder Egoismus sorgt schon dafür, daß die Zahlungen durch einen Dritten eine seltene Ausnahme bilden. Aber auch in diesen Ausnahmefällen wird der Geldstrafe keineswegs ihre Wirkung gegen den Uebelthäter geraubt. Ohne die Zustimmung des Uebelthäters tritt nämlich durch eine solche Zahlung gar keine Tilgung der Geldstrafe ein (vergl. Goltdammers Arch. Jahrg. 1874 S. 406). Handelt aber der Dritte mit Zustimmung des Uebelthäters, so betrachtet er nach der Zahlung entweder den Uebelthäter als seinen Schuldner und verlangt von ihm eine demnächstige Rückerstattung vielleicht sogar unter härteren Bedingungen. Oder er ist mit Rücksicht auf persönliche Beziehungen freigebig; alsdann ist für den Uebelthäter eine ihm bis dahin für die Fälle der Noth zugängliche Einnahmequelle versiegt oder doch geschwächt.

Bei denjenigen Vergehen, welche mit religiösen, socialen und politischen Anschauungen in Zusammenhang stehen, ist allerdings noch zu berücksichtigen die Zahlung aus einem bereits vorhandenen oder zu diesem Zweck gebildeten Parteifond. Aber auch diese vermag nicht, die Geldstrafe zu discreditiren. Sie zieht vielmehr in einer ganz glücklichen Weise in Mitleidenschaft Mitschuldige, welche unmittelbar nicht faßbar gewesen sind, und schwächt die zur Bekämpfung der Rechtsordnung bereitstehenden Mittel. Dabei wird hier stets wahlweise auch die Freiheitsstrafe angedroht sein, zu welcher der Richter immer greifen kann, wenn er Grund zu der Annahme hat, daß der zu bestrafende Uebelthäter selber die Geldstrafe nicht als ein Uebel empfinden würde.

* * *

Nun aber die Freiheitsstrafe, wird dieselbe nicht neben einer derartig entwickelten Geldstrafe eine kümmerliche Existenz fristen müssen? Im Gegentheil, wenn die Freiheitsstrafe erst auf das ihr allein zustehende Gebiet der Verbrechen und derjenigen Vergehen, welche ein Aergerniß erregt haben oder aus Arbeitsscheu und Zügellosigkeit entstanden sind, beschränkt ist, wenn ihr vor Allem nicht mehr die mittellosen Uebelthäter selbst wegen der allergeringsten Uebertretungen verfallen, wird sie wie von einer Hypertrophie geheilt erscheinen. Ueberall, sowohl in der Vollstreckung, wie in dem Urtheil des Volkes, wird der nöthige Ernst zurückkehren, und die unpassenden Witze über das „fidele Gefängniß" werden schwinden.

Durch den Zusammenbruch der Herrschaft der Besserungstheorie, die nothwendige Folge der vorgeschlagenen Ausbildung der Geldstrafe, wird die Freiheitsstrafe außerdem in die Lage kommen, ihre ganze Entwicklungsfähigkeit zu zeigen. Die Freiheitsstrafe zeichnet sich vor der Geldstrafe dadurch aus, daß sie nach zwei Seiten hin, nicht nur nach ihrer Dauer, sondern auch nach dem Grad ihrer Intensivität verschiedentlich abgestuft werden kann. Die Besserungstheorie lehrt aber: die Gefängnißbeamten sind Pädagogen, sie müssen erziehen und zwar sämmtliche Zöglinge gleichmäßig nach derjenigen Methode, welche einmal als die Beste erkannt ist; und bei einer solchen Lehre müssen alle Abstufungen nach dem Grade der Intensivität schwinden*). Im Volke ver-

*) Berner erklärt in seiner Kritik des Entw. eines Str.G.B. f. d. nordd. Bund, Leipzig 1869 auf Seite 9: „Nach einem rationellen Strafensystem

bindet man noch mit den erhalten gebliebenen Namen verschiedene Begriffe. Aber es wird sich z. B. der Besucher des Municipalgefängnisses und des Arresthauses zu Cöln vergeblich nach einem Unterschied umsehen zwischen der Haft, der qualificirten Haft und dem Gefängniß, welche Strafen in der ersten Anstalt, und dem Gefängniß und dem Zuchthaus, welche Strafen in der zweiten Anstalt vollstreckt werden. Allerdings erkennt man in dem bunten Gemisch im Arresthause die Gefängnißgefangen an den grauen, die Zuchthäusler an den braunen Jacken. Dies bildet aber, wie ein Vorfechter der Besserungstheorie, der Strafanstaltsdirector von Moabit ausdrücklich betont, „meistens den einzigen Unterschied zwischen Gefängniß und dem Zuchthaus".

Diese sich ganz von selbst ergebende Verjüngung der Freiheitsstrafe würde wieder zur Folge haben, daß die zahlreichen Arbeitskräfte und die ganz erheblichen Geldmittel frei werden, welche gegenwärtig in vergeblicher Liebesmüh in den „Musteranstalten" um die innere Umwandlung der in einer ganz erdrückenden Mehrheit doch immer wieder von Neuem rückfällig werdenden Verbrecher ringen.

Mit welch herrlichem Erfolge könnten diese Arbeitskräfte und Geldmittel übergeleitet werden auf das von Pastor von Bodelschwingh zuerst betretene Feld der Verhinderung von Verbrechen durch Beseitigung der Arbeitslosigkeit. Die bisher eingerichteten Wilhelmsdörfer reichen noch lange nicht aus und der Gedanke, die Arbeitsnachweisbureaus den jetzigen schmutzigen Händen zu entreißen und einheitlich zu organisiren, er harrt noch immer auf Verwirklichung.

---

wird die Behandlung der Sträflinge in den Zuchthäusern und in den Gefängnissen, weil sie durch ein und dasselbe Motiv, nämlich durch den gleichen Besserungszweck bestimmt sein muß, nicht so gar verschieden sein dürfen."

M. Pf.

Davoud-Oghlou, G. A., histoire de la législation des anciens Germains. 2 Vol. 1845. (M. 18.—) Ermässigter Preis: 8.—

Denkschriften des Ministers Freiherrn vom Stein über Deutsche Verfassungen. Herausgegeben von G. H. Pertz. 1848. . . . . (M. 3,75) Ermässigter Preis: 2.—

Dieterici, C., Zur Geschichte der Steuerreform in Preussen von 1810 bis 1820. Eine Archiv-Studie. 1875 . . 7.—

*— **C. F. W.,** Ueber die Anzahl der Geburten in den verschiedenen Staaten Europa's überhaupt, und im preussischen Staate insbesondere. 1855 . . . . 2.—

*— Ueber die Fortschritte der Industrie und die Vermehrung des Wohlstandes unter den Völkern in besonderer Beziehung auf die ethischen Verhältnisse und die geistige Entwicklung der Menschen. 1856. . . . . 1.—

*— Ueber das Verhältniss der neu geschlossenen Ehen zu der Anzahl der gleichzeitig Lebenden. 1857. . . . . 2.40

*— Ueber die Zunahme der Bevölkerung im preussischen Staate in Bezug auf Vertheilung derselben nach Stadt und Land. 1857 . . . . 2.20

*— Ueber den Begriff der mittleren Lebensdauer und deren Berechnung für den preussischen Staat. 1859. . . . 2.40

Dirksen, H. E., observationes ad. tab. heracleens. part. alt. 1817 . . . . 2.75

— civilistische Abhandlungen. 2 Bde. 1820—21. (M. 12.50) Ermässigter Preis: 4.—

*— Ueber die Verdienstlichkeit methodischer Sprachforschung, in Beziehung auf die Textes-Kritik und Auslegung römischer Rechts-Quellen. 1855 . . . . . —.80

*— Der Rechtsgelehrte und Taktiker Paternus, ein Zeitgenosse der Antonine. 1856 . . . . 1.—

*— Ein Beitrag zur Auslegung der epigraphischen Urkunde einer Städteordnung für die latinische Bürgergemeinde zu Salpensa. 1857 . . . . 1.—

*— Die römisch-rechtlichen Quellen des Magister Dositheus. 1857. . . . . 1.—

*— Die Quellen der römisch-rechtlichen Theorie von der Auslösung der in fremde Gefangenschaft gerathenen Personen. 1858 . . . . 1.—

*— Der Rechtsgelehrte Aulus Cascellius, ein Zeitgenosse Cicero's. 1859 . . . . —.80

*— Die römisch-rechtlichen Mittheilungen in des Tacitus Geschichtsbüchern. 1860 . . . . —.80

M. Pf.

***Dirksen, H. E.,** Ueber ein epigraphisches Zeugniss von der Weihung des zur Zeit des Neronischen Stadtbrandes gelobten Heiligthums in Rom. 1861 . . . . . . —.50

Eccius, M. E., Theorie und Praxis des heutigen gemeinen preussischen Privatrechts. Auf der Grundlage des Werkes von Dr. Franz Förster bearbeitet. 5. Auflage (Zweite der neuen Bearbeitung).
4 Bände. 1887. 1888 48.—
In 3 Bände gebunden 55.50

Erdmannsdörffer, B., Graf Georg Friedrich von Waldeck. Ein preussischer Staatsmann im siebzehnten Jahrhundert. 1869 . . . . 6.—

Fabricius, C. F., historische Forschungen im Gebiete des römischen Privatrechts. Erstes Heft. Ursprung und Entwicklung der bonorum possessio bis zum Aufhören der ordo judiciorum privatorum. 1837 . . . . . . 3.50

Fechner, H., die handelspolitischen Beziehungen Preussens zu Oesterreich während der provinziellen Selbständigkeit Schlesiens 1741—1806. Nach den Acten des Geheimen Staatsarchivs zu Berlin und des Staatsarchivs zu Breslau dargestellt. 1886 . . . . 12.—

Fichte, J. G., die Staatslehre, oder das Verhältniss des Urstaats zum Vernunftreiche. 1820.
(M. 5.—) Ermässigter Preis: 2.—

Fischer, Ferd., Preussen am Abschlusse der 1. Hälfte des 19. Jahrhunderts. Geschichtliche, culturhistorische, politische und statistische Rückblicke auf das Jahr 1849. 1876 . . . . (M. 11.—) Ermässigter Preis: 4.—

Förster, F., Theorie und Praxis des heutigen gemeinen preussischen Privatrechts siehe Eccius.

— das preussische Grundbuchrecht. 1872 . . . . . . 4.—

Fränkel, M., die attischen Geschworenen-Gerichte. Ein Beitrag zum attischen Staatsrecht. 1877 . . . . . 1.60

Gaji Institutionum commentarii quattuor, ed. J. F. L. Goeschen. C. Lachmannus ad schedas Goeschenii, Hollwegii, Blumii recognovit. Goescheniani ed. III. Cum 3 tab. 1842 . . . . (M. 6.—) Ermässigter Preis: 3.—

— — Commentarius IV. sive de Actionibus. Recensuit, restituere conatus est, adnotationem perpetuam librumque observationum adjecit A. G. Heffter. 1827.
(M. 6.—) Ermässigter Preis 2.—

M. Pf.

Gaji et Justiniani Institutiones juris Romani. Recogn. annot. adjec. conjunctasque edid. C. A. C. Klenze et E. Böcking. 1829. . (M. 7.—) Ermässigter Preis: 3.—

Gamp, (C.), der landwirthschaftliche Kredit und seine Befriedigung. 1883 . . . . 4.—

Gerichtsverfassungsgesetz für das Deutsche Reich. Amtliche Ausgabe mit Sachregister. Oktav-Ausgabe. 1878 —.80
Taschen-Ausgabe. 1879 —.60

Gerichtsverfassungsgesetz, Civilprozessordnung und Konkursordnung für das Deutsche Reich. Amtliche Ausgabe mit Sachregister. Ein Band in Oktavo. 1877 4.—
Ein Band in Taschenformat. 1879 3.—

Gesetzgebung, Die, der letzten sechs Jahre im Reich und in Preussen, dargestellt von einem Mitglied des Centralwahlcomités der nationalliberalen Partei. 1876. . 1.—

Goldschmidt, L., das dreijährige Studium der Rechts- und Staatswissenschaften. 1878 . . . . 1.—

Goeschen, O., die Goslarischen Statuten mit einer systematischen Zusammenstellung der darin enthaltenen Rechtssätze und Vergleichung des Sachsenspiegels und vermehrten Sachsenspiegels. 1840.
(M. 9.50) Ermässigter Preis: 4.—

Hartmann, L., die neben dem Strafgesetzbuche für das Deutsche Reich in Preussen geltenden Strafgesetze, in Verbindung mit der Rechtsprechung des Ober-Tribunals u. des Ober-Appellationsgerichts zusammengestellt u. erläutert. 2te Aufl. 1873 . . . . 12.—

Hasse, J. Chr., das Güterrecht der Ehegatten nach Römischem Recht. Eine civilist. Abhandlung. 1r Bd. 1824 3.—

Hauschteck, A., die Organe für die Rechtspflege in ihrer gegenseitigen Begrenzung. 1862 . . . . 1.—

Haxthausen, A. v., über die Agrarverfassung in Norddeutschland und deren Conflicte in der gegenwärtigen Zeit. 1r Theil. 1r Bd. Ueber die Agrarverfassung in den Fürstenthümern Paderborn und Corvey. 1829. . 3.75

Hecker, C., das Militärstrafgesetzbuch für das Deutsche Reich nebst dem Einführungsgesetz erläutert. 1877 . 6.—

— das Strafgesetzbuch für das Deutsche Reich. Textausgabe mit Anmerkungen und Beilagen zum Gebrauch in Militärstrafsachen. 1878. cart. 1.60

Heffter, A. W., Beiträge zum deutschen Staats- und Fürstenrecht. 1ste Liefrg. 1829. (M. 5.—) Ermässigter Preis: 2.—

M. Pf.

Hoffmann, J. G., Nachlass kleiner Schriften staatswirthschaftlichen Inhalts. 1847. (M. 6.75) Ermässigter Preis: 4.—

Homeyer, C. G., der Richtsteig Landrechts nebst Cautela und Premis. 1857 (M. 7.50) Ermässigter Preis: 4.—

*— **G.,** Johannes Klenkok wider den Sachsenspiegel. 1855 2.—

*— Ueber die Informatio ex speculo Saxonum. 1857 . . 1.60

*— Die Genealogie der Handschriften des Sachsenspiegels. 1860 . . . . 3.60

*— Die Stadtbücher des Mittelalters, insbesondere das Stadtbuch von Quedlinburg. 1860 . . . . 2.20

*— Die Extravaganten des Sachsenspiegels. 1861 . . . 1.50

*— Der Dreissigste. 1865 . . . . 5.20

*— Ueber die Formel „der Minne und des Rechts eines andern mächtig sein". 1867 . . . . 1.—

*— Das Friedegut in den Fehden des deutschen Mittelalters. 1867 . . . . 1.—

Hopf, J., Aufgaben der Gesetzgebung im Gebiete der Feuerversicherung. 1880. . . . . 1.60

Hüllmann, K., Geschichte des Ursprungs der Stände in Deutschland. Zweite Ausg. 1830 . . . . 7.50

— Geschichte des Ursprungs der Regalien in Deutschland. Ein Nachtrag zu des Verfassers Deutscher Finanzgeschichte des Mittelalters. 1806. . . . . 1.20

— Geschichte d. Domainen-Benutzung in Deutschland. 1807. 2.—

John, R. E., die Lehre vom fortgesetzten Verbrechen und von der Verbrechenskonkurrenz für Praktiker und Theoretiker dargestellt. 1860. . . . . 2.50

Jolly, der Reichstag und die Partheien. 1880 . . . . 3.—

— der Kirchenstreit in Preussen. (Abdr. a. d. Preuss. Jahrb.) 1882 . . . . —.80

Justiniani Imperatoris Institutionum libri IV. Edid. E. Schrader in operis societatem accedentibus T. L. F. Tafelio, G. F. Clossio, C. J. C. Maiero. Edid. stereot. 1874 . . . . 1.—

Kamptz, E. A. v., Abhandlungen aus dem Deutschen und Preussischen Staatsrecht. 1r Bd. Landstände, allgemeine Stände, Preussische Constitution. 1846 . . . 7.50

— Fragmente über das Besteuerungsrecht deutscher Landesherren. 1847 . . . . 3.—

Katholicismus, der, und der moderne Staat. Andeutungen zur richtigeren Würdigung ihres Verhältnisses namentlich in Deutschland und Italien. 1873 . . . . 1.50

M. Pf.

Konkursordnung für das Deutsche Reich. Amtliche Ausgabe mit Sachregister. Oktav-Ausgabe 1878 . . . . —.80
Taschen-Ausgabe 1879 . . . . —.60

***Krüger, Paulus,** Codicis Theodosiani Fragmenta Taurinensia. 1880 . . . . 5.—

Lenz, G., das Recht des Besitzes und seine Grundlagen. Zur Einleitung in die Wissenschaft des Römischen Rechts. 1860 . . . . (M. 4.—) Ermässigter Preis: 2.—

Lorenz, O., Papstwahl und Kaiserthum. Eine historische Studie aus dem Staats- und Kirchenrecht. 1874. . . 4.—

Marcinowski, F., die Deutsche Gewerbe-Ordnung für die Praxis in der Preussischen Monarchie mit Kommentar und einem Anhange, enthaltend die Gesetze zur Ergänzung der Gewerbeordnung sowie die preussischen Gewerbesteuergesetze und das Gesetz betreffend die Einführung in Elsass-Lothringen. Vierte Auflage. 1888 . . . . M. 15.— geb. 17.50

— Ergänzungshefte zum Kommentar der deutschen Reichs-Gewerbe-Ordnung. 3e Aufl. 1884.
1. Heft. Das Reichsgesetz v. 14. Mai 1879 betr. den Verkehr mit Nahrungsmitteln, Genussmitteln u. Gebrauchsgegenständen m. Erläuterungen 1.50
2. Heft. Das Reichsgesetz über die eingeschriebenen Hülfskassen vom 7. April 1876 in der durch das Reichsgesetz vom 1. Juni 1884 geänderten Fassung m. Erläuterungen u. Anhang . 2.50

Mayer, M. S., die Lehre von dem Erbrecht nach dem heutigen römischen Rechte. 1r Theil. 1840 . . . . 6.—

Meier, E., die Rechtsbildung in Staat u. Kirche. 1861 . 4.—

— **Th.,** das preussische gemeine und provinzielle Kirchenrecht für das Geltungsgebiet des Allgemeinen Landrechts, zusammengestellt und nach den Grundsätzen der obersten Kirchen-, Verwaltungs- und Spruchbehörden erläutert. 1868 . (M. 6.—) Ermässigter Preis: 3.—

Meyer, H., That- und Rechtsfrage im Geschworenengericht, insbes. in der Fragestellung an die Geschworenen. 1860 3.50

— das Strafverfahren gegen Abwesende geschichtlich dargestellt. 1869 . . . . 4.50

***Mommsen, Th.,** Ueber die Zeitfolge der Verordnungen Diokletians und seiner Mitregenten. 1861 . . . . . . 3.60

M. Pf.

Monumenta legalia antiquitatis Romanae extra libros juris Romani sparsa. Edidit C. G. Haubold. Restituit E. Spangenberg. 1830. Appendix. 1831. (M. 6.50) Ermässigter Preis: 3.—

Mühlenfels, O. v., die Haftpflicht der Eisenbahnen und die Unfallversicherung. Ein Vorschlag zur Reform des Haftpflichtgesetzes vom 7. Juni 1871. 1884 . . . . 2.—

Nebbien, C. H., der schuldenfreie Staat oder landwirthschaftliche Ansichten und Erfahrungen in Hinsicht auf allgemeine Schuldentilgung sowohl des Landgutes, als der Staaten. 1834 . . . . 3.—

Oppenhoff, F. C., das Strafgesetzbuch für das Deutsche Reich nebst dem Einführungsgesetze vom 31. Mai 1870 und dem Einführungsgesetze für Elsass-Lothringen vom 30. August 1871 erläutert. Elfte verbesserte und bereicherte Ausgabe herausgegeben von Th. F. Oppenhoff. 1888 . . . . M. 15.— geb. 17.50

— **Th. F.,** die Preussischen Gesetze über die Ressort-Verhältnisse zwischen den Gerichten und den Verwaltungsbehörden zusammengestellt und erläutert. 1863 . . . 7.—

— das allgemeine Berggesetz für die Preussischen Staaten, unter steter Vergleichung seines Textes mit demjenigen des Braunschweigischen, Meiningenschen, Gothaischen u. Bayerischen Berggesetzes. 1870 . . . . 5.50

***Pertz, G. H.,** Ueber einige Handschriften deutscher Rechts- und Gesetzbücher. 1857 . . . . 1.—

Preussische mit den Reichsjustizgesetzen in Kraft tretende Gesetze. Amtliche Ausgabe mit Sachregister.
Oktav-Ausgabe 1879 2.—
Taschen-Ausgabe 1879 1.60

Pro populo italico. Replik auf Herrn Alfred von Reumont's Plaidoyer: „Pro Romano Pontifice.“ Im Anhange der Text des italien. Garantiegesetzes. 1871 . —.50

Puchta, G. F., civilistische Abhandlungen. 1823 . . . 2.60

— Encyclopädie als Einleitung zu Institutionen-Vorlesungen. 1825 . . . . 1.—

Pütter, K. Th., der Inbegriff der Rechtswissenschaft oder Juristische Encyclopädie. 1846 . . . . 4.—

Quellen und Aktenstücke zur deutschen Verfassungsgeschichte. Von der Gründung des deutschen Bundes bis zur Eröffnung des Erfurter Parlaments. Mit histor. Erläuterungen von C. Weil. 1850 . . . . 2.25

M. Pf.

Rudorff, A. F., de majore ac minore latio ad Gajum I, 95. 96. disputatio critica. 1860 . . . . 1.—

*— Ad legem Aciliam de pecuniis repetundis latam anno ab urbe condita 631° vel 632°. 1862 . . . . . . 4.20

*— Gedächtnissrede auf Friedrich Carl von Savigny. 1862 1.—

*— Ueber die lexicalen Excerpte aus den Institutionen des Gajus. 1866 . . . . 1.60

*— Ueber den liber de officio pro consulis. 1866 . . . 2.80

Silberschlag, Grundriss der Geschichte der Verfassung, Verwaltung und Gesetzgebung des Preussischen Staats seit der Zeit des 30jährigen Krieges bis zum Jahre 1850. 1860 . . . . 1.50

Stemann, C. v., Darstellung des Preussischen Strafverfahrens. 1858 . . . . 3.75

Stintzing, R., Friedrich Carl v. Savigny. Ein Beitrag zu seiner Würdigung. (Abdr. a. d. Preuss. Jahrb.) 1862 1.—

Tigerström, F. W. v., de judicibus apud Romanos. Commentatio historico-juridica. 1826 . . . . 5.—

— de ordine et historia digestorum libri II. 1829 . . . 6.50

— die bonae fidei possessio oder das Recht des Besitzes. Eine civilistische Abhandlung. 1837 . . . . 4.50

— die innere Geschichte des römischen Rechtes. Nach den Quellen bearbeitet. 1838 . . . . 9.50

— die äussere Geschichte des römischen Rechtes. 1841 5.—

Viebahn, G. v., Statistik des zollvereinten und nördlichen Deutschlands. Unter Benutzung amtlicher Aufnahmen herausgegeben.

1r Theil: Landeskunde. 1858 (M. 13.—) Ermässigter Preis: 6.—

2r Theil: Bevölkerung, Bergbau u. Bodenkultur. 1862 (M. 13.—) Ermässigter Preis: 6.—

3r u. letzter Theil: Thierzucht, Gewerbe u. Politische Organisation. 1868 (M. 16.—) Ermässigter Preis: 6.—

Villaume, A., Handbuch der Preuss. Steuer- und Zoll-Gesetzgebung mit Rücksicht auf den Gebrauch bei den Gerichten zusammengestellt. 1844. Mit Supplement. 1848 . . . . (M. 7.50) Ermässigter Preis: 4.—

Voitus, C. A., Kommentar zu der Strafprozessordnung für das Deutsche Reich und den dieselbe ergänzenden Vorschriften des Gerichtsverfassungsgesetzes. 1877 . . . 9.—

— Handbuch für Schöffen. 1879 . . . . 3.—

M. Pf.

Wegner, R., Grundzüge einer zeitgemässen Reorganisation des Gemeindewesens u. im Zusammenhange damit, des Staatsverwaltungssystems. Mit einer einleitenden Darstellung der Geschichte des Landgemeindewesens in Westpreussen. 1850 . . . . 1.50

Westenbergii, J. O., principia juris secundum ordinem Digestorum seu Pandectarum in usum auditorum vulgata. Editio altera. 2 vol. 1823. (M. 8.25) Ermässigter Preis: 4.—

Wilhelmy, Th., über die Zusammenlegung der Grundstücke in der Preussischen Rheinprovinz, verbunden mit einer Darstellung der Nassauischen Consolidationen u. d. Preuss. Special-Separationen. Mit 5 Karten. 1856 2.50

Woedtke, E. v., Unfallversicherungsgesetz. Vom 6. Juli 1884. Mit dem Gesetz über die Ausdehnung der Unfall- und Krankenversicherung vom 28. Mai 1885. Kommentar. 3. vermehrte Auflage. Im amtlichen Auftrage. 1887 . . . . M. 11.— geb. 12.—

— Unfallversicherung der in land- und forstwirthschaftlichen Betrieben beschäftigten Personen. Nach dem Reichsgesetz vom 5. Mai 1886. Als Kommentar bearbeitet. 2. vermehrte Auflage. 1888 . M. 12.— geb. 13.—

— Unfallversicherung der in land- und forstwirthschaftlichen Betrieben beschäftigten Personen in Preussen. Nach dem Reichsgesetz vom 5. Mai 1886 und dem preussischen Ausführungsgesetz vom 20. Mai 1887. Textausgabe mit Anmerkungen. In amtlichem Auftrage unter Mitwirkung des Geh. Reg.-Raths Dr. v. Heydebrand u. der Lasa bearbeitet. 1887 . . . . geb. 2.40

Woltersdorf, Th., das Preussische Staatsgrundgesetz und die Kirche. Studien u. Urkunden zur Verfassungsfrage der evangelischen Landeskirche in Preussen. 1873. . 7.—

Zeitschrift für deutsches Staatsrecht und deutsche Verfassungsgeschichte, unter Mitwirkung von W. E. Albrecht, R. v. Mohl, G. Waitz und H. A. Zachariä in zwanglosen Heften herausgeg. v. L. K. Aegidi. 1r Bd. 4 Hefte. 1865 bis 1867 . . . . 7.—

Druck von Georg Reimer in Berlin.

M. Pf.

Agassiz, Louis, Leben und Briefwechsel. Herausgegeben von Elizabeth Cary Agassiz. Autorisirte deutsche Ausgabe von C. Mettenius. 8. geb. . . . . 10.—

Beard, Ch., die Reformation des 16. Jahrhunderts in ihrem Verhältniss zum modernen Denken und Wissen. Zwölf Hibbert-Vorlesungen. Vom Verfasser autorisirte deutsche Ausgabe übersetzt von Fritz Halverscheid. 8. geb. 7.—

Bernhardi, Th. von, vermischte Schriften. Zwei Bände mit 2 Tafeln. 8. In Halbfranz gebunden 8.50

Byron's Werke. Uebersetzt von Otto Gildemeister. 6 Bände. 4. Aufl. 8. In 3 Leinbänden . . . . 15.—

Conrad, H., George Eliot. Ihr Leben und Schaffen dargestellt nach ihren Briefen und Tagebüchern. 8. geb. . . . . 9.—

— — William Makepeace Thackeray. Ein Pessimist als Dichter. 8. geb. . . . . 5.—

Delbrück, H., das Leben des Feldmarschalls Grafen Neithardt von Gneisenau. In zwei Bänden mit Gneisenau's Bildniss und einem Plan von Colberg. 8. geb. . . . . 9.—

Edda, Lieder der alten. Deutsch durch die Brüder Grimm. Neu herausgegeben von Dr. Jul. Hoffory. 8. geb. . . . . 2.—

Förster, E., Peter von Cornelius. Ein Gedenkbuch aus seinem Leben und Wirken, mit Benutzung seines künstlerischen wie handschriftl. Nachlasses, nach mündlichen und schriftlichen Mittheilungen seiner Freunde und eigenen Erinnerungen und Aufzeichnungen. 8. Mit Cornelius' Bildniss. 2 Theile. geb. . . . . 8.—

Förster, W., (Direktor der Königl. Sternwarte), Sammlung von Vorträgen und Abhandlungen. (Zweite Folge.) 8. geb. . . . . . . 7.—

Haeckel, E., Arabische Korallen. Ein Ausflug nach den Korallenbänken des Rothen Meeres und ein Blick in das Leben der Korallenthiere. Populäre Vorlesung mit wissenschaftlichen Erläuterungen. Mit 6 Tafeln und 20 Holsschnitten. 4. Cartonirt . . . . 15.—
In Leinwand gebunden . . . 20.—

Herder, J. G. v. u. A. Liebeskind, Palmblätter. Erlesene morgenländische Erzählungen für die Jugend. Durchgesehen und verbessert von F. A. Krummacher. Neue Ausgabe mit 12 Bildern von Th. Hosemann. 8. cart. . . . . 2.—

Hoffmann, E. T. A., gesammelte Schriften. Neue Ausgabe. 12 Bände. Mit 24 Federzeichnungen von Th. Hosemann. 16. In 6 Leinbänden . . . . 12.—

Hufeland, C. W., Makrobiotik oder die Kunst das menschliche Leben zu verlängern. 8. durchges. u. verb. Aufl. 8. geb. 2.25

Kleist's gesammelte Schriften herausgegeben von Ludw. Tieck, mit Einleitung von Julian Schmidt. 3 Bände in 2 Leinbänden . . . 4.50

Kuenen, A., Volksreligion und Weltreligion. Fünf Hibbert-Vorlesungen. 8. geb. . . . . 6.—

Kuhn, Adalb., Märkische Sagen u. Märchen nebst einem Anhang von Gebräuchen und Aberglauben. 8. geb. 2.75

	M. Pf.
Moltke, H. v., der russisch-türkische Feldzug in der europäischen Türkei 1828 und 1829, dargestellt im Jahre 1845. Mit Karten und Plänen. 2. Aufl. 8. geb.	13.—
Mommsen, Th., und **H. v. Treitschke**, Königin Luise. 2 Festreden mit Abbildung des Enke'schen Entwurfs zum Königin-Luisen-Denkmal. 8. geb.	1.60
Montelius, O., die Kultur Schwedens in vorchristlicher Zeit. Uebersetzt von Carl Appel nach der vom Verfasser umgearbeiteten zweiten Auflage. Mit 190 Holzschnitten. 8. geb.	7.—
Novalis Schriften. 3 Bände. 8. In zwei Leinbänden	6.—
— Gedichte. Mit Fr. v. Hardenberg's Bildniss: 16. geb.	3.—
Pertz, G. H., das Leben des Ministers Freiherrn vom Stein. 6 Bände (Bd. 6 in 2 Abteilungen). geb.	36.—
Pertz, G. H., und **H. Delbrück**, das Leben des Feldmarschalls Grafen Neithardt von Gneisenau. 5 Bände. geb.	25.-
Retzius, G., Finnland. Schilderungen aus seiner Natur, seiner alten Kultur und seinem heutigen Volksleben. Mit 93 Holzschnitten und einer Karte von Finnland. 8. geb.	6.—
Ritter, C., Einleitung zur allgemeinen vergleichenden Geographie, und Abhandlungen zur Begründung einer mehr wissenschaftlichen Behandlung der Erdkunde. 8. geb.	4.—
— allgemeine Erdkunde. Vorlesungen an der Universität zu Berlin gehalten. Herausgegeben von H. A. Daniel. 8. geb.	4 50
— Europa. Vorlesungen an der Universität zu Berlin gehalten. Herausgegeben von H. A. Daniel. 8. geb.	6.50
— Geschichte der Erdkunde und der Entdeckungen. Vorlesungen an der Universität zu Berlin gehalten. Herausgeg. von H. A. Daniel. Mit C. Ritter's Bildniss. 2. Auflage. 8. geb.	5.50
Schaubühne, Dänische. Die vorzüglichsten Komödien des Freiherrn Ludwig von Holberg. In der ältesten deutschen Uebersetzung mit Einleitungen und Anmerkungen neu herausgegeben von Dr. Jul. Hoffory und Dr. Paul Schlenther. 2 Bände. 8. geb.	12.—
Schleiermacher, Friedrich, Monologen. Eine Neujahrsgabe. — Neue Ausgabe. 16. geb.	2.—
— über die Religion. Reden an die Gebildeten unter ihren Verächtern. 7. Aufl. 8. geb.	2.75
— Predigten über den christlichen Hausstand. 4. Aufl. 8. geb.	1.60
— Leben, aus — In Briefen. 4 Bände. 8. geb.	16.—
Shakespeare's dramatische Werke. Uebersetzt von A. W. Schlegel und L. Tieck, durchgesehen von Michael Bernays. 12 Bände. Mit 12 Titelkupfern. In 6 Leinbänden	14.—
— — nach Schlegel und Tieck unter Redaktion von H. Ulrici herausgegeben durch die Deutsche Shakespeare-Gesellschaft. Zwölf Bände in 6 Halbfranzbänden	24.—
Tieck, Ludwig, gesammelte Novellen. Vollständige auf's Neue durchgesehene Ausgabe. 12 Bände. 8. In 6 Leinbänden	10.—
Treitschke, H. v., zehn Jahre deutscher Kämpfe. Schriften zur Tagespolitik. 2. Aufl. fortgeführt bis zum Jahre 1879. 8. geb.	13.50
Voigt, G., die Wiederbelebung des classischen Alterthums oder das erste Jahrhundert des Humanismus. Zweite umgearb. Aufl. in 2 Bänden. 8. geb.	18.50

FSC
www.fsc.org
MIX
Papier | Fördert
gute Waldnutzung
FSC® C083411

Kolibri 360 GmbH
Ferdinand-Jühlke-Straße 7
99095 Erfurt, Deutschland
produktsicherheit@kolibri360.de